Schalom Ben-Chorin

GERMANIA HEBRAICA

Beiträge zum Verhältnis von Deutschen und Juden

Andreas Rossow   Helga Rossow

Bleicher Verlag

Dem Deutschen Koordinierungsrat
der Gesellschaften für christlich-jüdische Zusammenarbeit
in Dankbarkeit
für die Verleihung der Buber-Rosenzweig-Medaille
März 1982
S. B. C.

CIP-Kurztitelaufnahme der Deutschen Bibliothek

Ben-Chorin, Schalom:
Germania Hebraica / Schalom Ben-Chorin. – 1. Aufl. – Gerlingen : Bleicher, 1982.
ISBN 3-88350-225-1

1. Auflage 1982

Gesamtherstellung: Hieronymus Mühlberger, D-8900 Augsburg
Gestaltung: Atelier Reichert, D-7000 Stuttgart
Foto hintere Klappe: Schafgans, D-5300 Bonn
ISBN 3-88350-225-1

Inhalt:

Vorwort

In den letzten Jahren lag das Schwergewicht meiner Bemühungen auf theologischem Gebiet, insbesondere im Bereich des christlich-jüdischen Dialogs.
Daneben aber entstanden eine Reihe von Arbeiten, die sich mit dem deutsch-jüdischen Problem und dem Staat Israel befaßten. Diese Versuche wurden durch äußere Anlässe, Einladungen zu Vorträgen und Sammelpublikationen, angeregt.
In diesem Bande soll eine repräsentative Auswahl aus einer ganzen Reihe von Aufsätzen dieser Thematik zusammengestellt werden, um so einen Einblick in den heutigen Stand der Diskussion zu ermöglichen.
Ein Jude, der aus dem deutschen Kulturkreis stammt und in Israel in über viereinhalb Jahrzehnten eine neue Heimat gefunden hat, ohne die Bande der Herkunft zu lösen, will hier Zeugnis geben von Schicksal und Existenz einer Generation des Übergangs, die den Untergang des deutschen Judentums erlebte und den Anbruch einer Zukunft in der alten Volksheimat des Judentums.
Die hier gesammelten Aufsätze sind nicht im Sinne einer Ideologie zu verstehen, sondern aus der Erfahrung erwachsen, die sicher subjektiv ist, aber dennoch repräsentativ für den Kreis der Juden aus Deutschland in Israel.

Jerusalem, im Herbst 1981 S. B. C.

Germania Judaica
Das deutsch-jüdische Verhältnis und der Staat Israel

Durch das Fernseh-Interview vom 30. April 1981 des deutschen Bundeskanzlers Helmut Schmidt nach seiner Rückkehr aus Riad (Saudi-Arabien), und die darauffolgende Reaktion des israelischen Ministerpräsidenten Menachem Begin wurde das deutsch-israelische Verhältnis tief erschüttert und einer schweren Belastungsprobe ausgesetzt.

Der Bundeskanzler sprach von der besonderen moralischen Verpflichtung gegenüber heimatvertriebenen Arabern der Westbank, was in Israel insofern besonderen Unmut erregte, als hier nicht von der viel weiterreichenden moralischen Verpflichtung gegenüber dem jüdischen Volke, den heimatvertriebenen Juden und der untilgbaren Schuld des Holocaust deutlich die Rede war.

Die unbedachten oder nicht zu Ende gedachten Äußerungen des Bundeskanzlers lösten ebenso unbedachte oder nicht zu Ende gedachte persönliche Bemerkungen des israelischen Ministerpräsidenten aus.

Der Bundeskanzler erklärte wörtlich: »Für mich ist das eine Tragödie griechischen Ausmaßes, daß nun endlich nach zweitausend Jahren die Juden ihren eigenen Staat wieder haben begründen können, und daß es nicht möglich sein soll, ihn im Einvernehmen mit den Nachbarvölkern zu konsolidieren, zu sichern.« Es muß befremdlich wirken, daß der deutsche Bundeskanzler hier an die griechische Tragödie erinnert. Das Weltbild der Griechen erkannte das dunkel wirkende Schicksal, die Moira, die über Göttern und Menschen unausweichlich waltet. Das von der Bibel geprägte Weltbild aber, das Juden und Christen zu eigen sein sollte, anerkennt die Herrschaft Gottes in der Geschichte (»Gott sitzt im Regimente«) und sieht diese im dialektischen Spannungsfeld von Gericht und Gnade.

Die Staatsmänner sehen aber nicht immer in die Tiefen von Geschichte und Heilsgeschichte, haften an der Oberfläche des Geschehens und erwägen nicht die Schwerkraft ihrer Worte.

Wir aber sollten nicht an solchen Äußerungen des deutschen Bundeskanzlers und Verbalinjurien des israelischen Ministerpräsidenten haften und damit die Gesamtperspektive verlieren.

In freien Demokratien sind die Staatsbürger nicht auf jedes Wort eines Kanzlers oder Ministerpräsidenten, wechselnde Größen in der politischen Szene, festzulegen.
Das deutsch-jüdische Verhältnis und der Staat Israel sind in die Weiträumigkeit einer jahrhunderte langen Entwicklung einzubeziehen und dürfen nicht am Episodären gemessen werden.

Vor nunmehr sechzig Jahren, im Jahre 1921, veröffentlichte der Schriftsteller Jakob Wassermann, der damals zu den meistgelesenen zeitgenössischen deutschen Autoren zählte, sein Bekenntnisbuch »Mein Weg als Deutscher und Jude«.
Wassermann sah in dem dialektischen Spannungsverhältnis zwischen seinem angestammten Judentum und seinem nicht minder wurzelhaften Deutschtum (er stammte aus Fürth und die Familie kam aus Zirndorf, einem Ort, dem er sein Frühwerk »Die Juden von Zirndorf« gewidmet hatte) das Urproblem seiner Existenz.
Nach einer tiefgreifenden Analyse von Herkunft, Gegenwart und Zukunft, in der sich Jakob Wassermann durch eine unanfechtbare Ehrlichkeit auszeichnet, gelangt er zu folgender Konklusion: »Daher glaube ich, daß im Abstand von den niedrigen Dingen das Geschwätz und der Geifer des Hasses und Unrechts ohnmächtig werden und die Missetaten sogar, die sie begehen, ihre Sühne finden.«
Welch ein Irrtum! Zwölf Jahre später hatten Geschwätz und Geifer des Hasses den Rang öffentlicher Staatskundgebungen erreicht, und das Unrecht wurde zum Gesetz erhoben. Die Stadt Nürnberg, dem Geburtsort des Dichters Jakob Wassermann verschwistert, wurde zum Symbol des Unrechtsstaates, zum Schauplatz jener Parteitage, auf welchen der Haß gegen das Judentum die Formen pathetischer Demonstrationen annahm.
Durch den Gauleiter der Franken, Julius Streicher, wurde gerade Nürnberg, Hintergrund von Jakob Wassermanns schönstem Roman »Das Gänsemännchen«, zur Keimzelle des blutigen Judenhasses, der nach Ende des Zweiten Weltkrieges wiederum in

Nürnberg vor die Schranken eines internationalen Gerichtshofes gestellt wurde.
Jakob Wassermann hat Schuld und Sühne in ihrem vollen Ausmaß nicht mehr erlebt. Am Neujahrstag des Jahres 1934 schloß er in Alt-Aussee in Österreich die müd gewordenen Augen, nach Vollendung des sechzigsten Lebensjahres.
Jakob Wassermann war ein Letzter in der großen Reihe jüdischer Dichter deutscher Zunge, die durch das Wort und die Landschaft mit Deutschland verbunden blieben. Ihrer aller Ahnherr war jener Süßkind von Trimberg, dessen Lieder und Konterfei mit dem spitzen Judenhut, in der Manessischen Liederhandschrift zu Heidelberg bewahrt werden: ein jüdischer Minnesänger, der am Ende seiner uns unbekannten Laufbahn bekennt:

So fuhr ich denn der Narren Fahrt
Dahin mit meiner Kunst.
Die Herren weigern mir den Lohn,
Deß will ich ihre Höfe fliehn.
Es soll mir auch ein langer Bart
Von grauen Haaren wachsen.
Nach alter Juden Brauch und Art
Will meiner Straß ich ziehn.
Mein Mantel auch umwall mich lang
Tief unter einem Hut,
Gar demutsvoll soll sein mein Gang
Und nimmer sing ich höfischen Gesang
Weil mich die Herren wiesen von dem Gut.

Der erste uns bekannte jüdische Dichter in deutschen Gauen sagt in seinem Elften Gesang aus, was zahllose Nachfahren erleben mußten. Einer der letzten Repräsentanten einer deutsch-jüdischen Symbiose, der österreichische Dichter Friedrich Torberg, (1908–1980) hat 1972 das Leben, den Weg und vielleicht den unvermeidlichen Irrweg jenes Süßkind von Trimberg in einem schönen Buch nachgezeichnet, über welches er drei Zeilen aus dem berühmten »Schlaflied für Mirjam« von Richard Beer-Hofmann (1866–1945) setzte:

. . . Ufer nur sind wir, und tief in uns rinnt
Blut von Gewesnen, zu Kommenden rollt's
Blut unsrer Väter voll Unruh und Stolz . . .

Dieses Gedicht eines jüdischen Dichters, der sich seines Ursprungs wieder bewußt wurde, trug Rainer Maria Rilke auf baltischen Herrenhöfen vor . . .

Dieses Gedicht wurde im Jahre 1897 geschrieben, dem Jahre des Ersten Zionistenkongresses in Basel, den Theodor Herzl einberief, ebenfalls ein jüdischer Dichter und Journalist aus dem Wiener Kreise, ursprünglich aus Budapest kommend.

Dieser Kongreß stellte einen Wendepunkt in der jüdischen Geschichte im allgemeinen, aber auch in der deutsch-jüdischen Geschichte im besonderen dar.

Herzl wollte den Kongreß nach München einberufen, aber er scheiterte am Protest des Allgemeinen Deutschen Rabbinerverbandes, der sich der Abhaltung eines Zionistenkongresses auf deutschem Boden widersetzte.

Theodor Herzl war in seiner Staatsschrift von 1896 »Der Judenstaat« von der Erkenntnis ausgegangen: »Wir sind ein Volk, *ein* Volk« und dieses volkhafte Bekenntnis zum Judentum schien den geistlichen Führern der deutschen Judenheit suspekt. Sie wollten deutsche Staatsbürger jüdischen Glaubens sein, fürchteten, durch den Zionismus in ihrer patriotischen Haltung, ihrem Bekenntnis zu Kaiser und Reich, unglaubwürdig zu werden.

Die Freie Eidgenossenschaft mußte daher Schauplatz der ersten weltweiten nationaljüdischen Manifestation werden, aber auch die offiziellen Vertreter der Schweizer Judenschaft hielten sich ängstlich fern.

Herzl notierte in seinem Tagebuch: »In Basel habe ich den Judenstaat gegründet. Wenn ich das heute laut sagte, würde mir ein universelles Gelächter antworten. Vielleicht in fünf Jahren, jedenfalls in fünfzig, wird es jeder einsehen.«

Genau nach fünfzig Jahren hat sich diese Prophezeiung Theodor Herzls durch den Beschluß der Vereinten Nationen vom Jahre 1947 erfüllt, der die Teilung Palästinas in einen jüdischen und einen arabischen Staat proklamierte.

In diesem halben Jahrhundert hat eine Entwicklung ihr grauenvolles Ende gefunden, die sich über fast zweitausend Jahre hinzog.
Die Juden hatten deutschen Boden mit den römischen Legionen betreten. Uralte jüdische Gemeinden an Rhein, Main und Mosel, wie Köln, Worms, Speyer, Mainz und Trier, sind Zeugnisse dieser geschichtlichen Verbundenheit, die so oft blutig unterbrochen wurde – man denke nur an die Schreckenszeiten der Kreuzzüge – aber erst in unserem Jahrhundert, in der Nacht des Holocaust, zu Ende ging.
Die unlösbare Verbundenheit von Deutschen und Juden hat der letzte große Dichter der Deutschen, Stefan George, in die Zeilen gebannt:

Ihr Äußerste von windumsauster Klippe
Und schneeiger brache! Ihr von glühender wüste!
Stammort des gott-gespenstes . . . gleich entfernte
Von heitrem meer und Binnen wo sich leben
Zu ende lebt in welt von gott und bild! . . .
Blond oder schwarz demselben schoß entsprungen
Verkannte brüder suchend euch und hassend
Ihr immer schweifend und drum nie erfüllt!

Was George im »Stern des Bundes« statuierte, hat sich als Wahlspruch ins Gestein der Geschichte eingegraben.
Stefan Georges bedeutendster jüdischer Jünger und Gefährte, Karl Wolfskehl, hat 1934 dem gescheiterten Versuch einer deutsch-jüdischen Symbiose in seinem Gedichtwerk »Die Stimme spricht« tragischen Ausdruck gegeben. Ein Spruch »Am Seder zu sagen«, also für die Vigilie der Passah-Nacht, beginnt:

Immer wieder, wenn vom Wanderstaube
Müde wir geruht in Anderer Laube,
Riß der Andern Faust uns auf voll Drohn:
Ihr gehört nicht her, macht euch davon!
Immer wieder.

Er selbst machte sich auf, ging als »ein wandernder Rhapsode« nach Aukland, Neuseeland, wo er 1948 im Exil starb, ohne deutschen Boden noch einmal zu betreten.

Mit Wolfskehl und seiner Generation endet die innige Verbindung jüdischen und deutschen Geistes, die mit Süßkind von Trimberg begann. Das selbe Schicksal der Vertreibung kennzeichnet diese Sänger mit der Marterkrone.
Während der jüdische Minnesänger noch eine ganz exzeptionelle singulare Erscheinung blieb, trat vor rund zweieinhalb Jahrhunderten mit Moses Mendelssohn aus Dessau, der in Berlin als Freund von Gotthold Ephraim Lessing zu Deutschlands berühmtestem philosophischen Schriftsteller seiner Zeit wurde, der erste Jude in das volle Rampenlicht des deutschen Geisteslebens. Wiewohl von hugenottischer Seite dem König nachdrücklich empfohlen, lehnte Friedrich II. doch die Aufnahme eines Juden in die Preußische Akademie der Künste und Wissenschaften ab – und erst zu Ende seines relativ kurzen Lebens wurde ihm huldvoll der Rang eines Schutzjuden zuerkannt, den er mit seinen schwachen finanziellen Kräften nicht zu erwerben vermochte.
Mendelssohns Freund Lessing aber setzte ihm in der Gestalt von »Nathan der Weise« ein überhöhtes Denkmal auf der Bühne. Der weise und gütige Jude Nathan aus Jerusalem wurde in der Weltliteratur der Gegenspieler des rachsüchtigen Juden Shylock in Shakespeare's »Der Kaufmann von Venedig«. Die unwirklich verzerrte Fratze des Shylock aber prägte stärker das mythische Bild des Juden als die harmonischen Züge des weisen Nathan.
Mit Mendelssohn war ein neuer Typus auf die deutsche Szene getreten: der deutsche Jude. Vor Mendelssohn müssen wir, von einigen Ausnahmen abgesehen, von Juden in Deutschland reden, jetzt aber, in der reinen Luft der Aufklärung, wird der ›Herr Moses zu Berlin‹ zum Leitbild künftiger Generationen.
Was Mendelssohn noch gelang, aktiv in die deutsche Literatur und Philosophie einzutreten, ohne sein traditionsgebundenes Judentum preiszugeben, wurde den späteren nicht mehr möglich.
Heinrich Heine (1797–1856), der deutsche Romantiker jüdischer Herkunft, nimmt als junger Mann 1825 die Taufe als

»Entreebillet in die europäische Gesellschaft«, in der unerfüllten Hoffnung, in München eine Professur zu erlangen. Wie wenig ernst Heine diesen Schritt nahm, geht aus einer Bemerkung im Brief an einen jüdischen Freund, unmittelbar nach der Taufe, hervor: »Gestern hat es bei mir geregnet.«
Er bleibt Jude, schreibt gerade während dieser Zeit seine fragmentarische Novelle »Der Rabbi von Bacherach«, die das Martyrium der rheinischen Juden zur Zeit der Kreuzzüge schildert. Er ist aber zugleich so sehr deutscher Dichter mit allen Fasern seines Seins, daß ihm ein Volkslied wie »Die Lorelei« gelingen kann. Nicht einmal die Nazis vermochten dieses Lied auszumerzen, versahen es aber mit dem Vermerk »Dichter unbekannt«. Er war nicht unbekannt und blieb es nicht. Man gedenkt heute seiner wieder, stärker denn je.
Ein anderer getaufter Jude aus dem deutschen Sprachraum, Karl Kraus, (1874-1934), der Wiener Satiriker und Sprachdenker, polemisierte gegen Heine in dem Pamphlet »Heine und die Folgen«.
Was waren die Folgen? Unter unserem Gesichtspunkt: der Eintritt der Juden in die deutsche Literatur. Dieses noch nicht ausgelotete Kapitel der deutschen Geistesgeschichte beginnt im Exil und endet im Exil. Heine lebte, aus Deutschland vertrieben, im Pariser Exil, und seine späten geistigen Erben in den dreißiger Jahren des 20. Jahrhunderts mußten, wenn sie überleben wollten, in die Exile Europas und Amerikas, oder an die Küste der alten Heimat des Judenvolkes, Palästina-Israel, flüchten.
Nur ganz Wenige sind nach Deutschland zurückgekehrt. Der Einbruch der Barbarei in Deutschland 1933–1945 hatte den Bau zerstört, den die Generationen deutscher Juden von Heine bis Kafka und Stefan Zweig errichtet hatten (unter deutschen Juden verstehe ich hier natürlich auch die Juden Österreichs und Böhmens, aber zum Teil auch der Bukowina, aus der der letzte große jüdische Lyriker deutscher Sprache Paul Celan, Überlebender des Holocaust, aber wie viele Autoren der Emigration den Freitod suchend, stammte).

Karl Kraus, der im jüdischen Selbsthaß Heine angriff, verhöhnte auch Theodor Herzl in einer später aus dem Buchhandel gezogenen Broschüre »Eine Krone für Zion«.
Während der Assimilationsjude Karl Kraus für Herzl kein Verständnis zeigte, war der deutsche Kaiser durchaus bereit, den zionistischen Plan einer jüdischen Besiedlung Palästinas ernst zu nehmen.
Für Theodor Herzl war Kaiser Wilhelm II. die zentrale Gestalt der europäischen Politik seiner Zeit. Herzl erhoffte sich von einem Protektorat des Kaisers über das zionistische Aufbauwerk in Palästina große Möglichkeiten für die Verwirklichung seines Traumes. Durch die Vermittlung des Großherzogs von Baden empfing der Kaiser Theodor Herzl in Konstantinopel im Herbst 1898 zu einer Privataudienz, und in den kaiserlichen Zelten vor Jerusalem eine von Herzl geführte zionistische Delegation, wenige Tage später.
Der persönliche Berater des Kaisers, Graf Philipp Eulenburg, schrieb am 28. September 1898 in einem geheimen Brief an Herzl: »Se. Majestät beauftragt mich Ihnen zu sagen, daß Sie sich nicht getäuscht hätten, wenn Sie Vertrauen zu seinem Interesse, die Förderung Ihres Werkes und den darin liegenden Schutz armer und unterdrückter Juden betreffend, gehabt hätten. Se. Majestät würden in nachdrücklichster Weise die Angelegenheit mit dem Sultan besprechen und werden sich freuen, von Ihnen in Jerusalem Näheres zu hören.«
Wer konnte ahnen, daß bei der historischen Begegnung in Jerusalem der Kaiser, als der tragische Repräsentant eines sterbenden Reiches, dem unbekannten jüdischen Journalisten in die Augen blickte, der zum Vater des ersten jüdischen Staates werden sollte, der nach fast zweitausendjähriger Verbannung Israels aus seinem historischen Heimatlande dort wieder erstehen sollte.
Die Mehrzahl der deutschen Juden stand dem Zionismus noch ablehnend gegenüber, fühlte sich dem deutschen Volke zugehörig und bewährte diese unbelohnte Treue im Ersten Weltkrieg durch bedingungslosen Einsatz und zwölftausend Gefallene.

Bei der Begeisterung für die deutsche Sache 1914 machten auch die Zionisten keine Ausnahme, erhofften sie doch gerade von einem deutschen Sieg eine Verwirklichung ihrer Bestrebungen in Palästina. Sie sahen aber auch in diesem deutschen Krieg, gerade in seiner ersten Phase, eine Art Kreuzzug der Humanität gegen das zaristische Rußland, in welchem von einer Emanzipation der Juden noch nicht die Rede sein konnte.

Auch das Ende des Ersten Weltkrieges 1918 konnte die Grundhaltung der deutschen Juden nicht erschüttern. So wie sie als patriotisch-loyale Bürger dem Kaiserreich gedient hatten, und in ihren jeweiligen Ländern, innerhalb des Deutschen Reiches, in den Herrscherhäusern die von Gott gegebene Obrigkeit anerkannten, wurden sie nun Diener der Republik.

Die veränderten Verhältnisse stellten einige deutsche Juden in die vordersten Reihen der deutschen Politiker, man denke nur an den Reichsminister des Innern Hugo Preuss, den eigentlichen Autor der Weimarer Verfassung (1860–1925), und vor allem an den Reichsaußenminister Walther Rathenau (1867–1922), der in Berlin einem antisemitischen Attentat zum Opfer fiel.

Nicht anders erging es schon dem bayerischen Ministerpräsidenten Kurt Eisner (geboren 1867 in Berlin), der am 21. Februar 1919 auf dem Wege zum Bayerischen Landtag, wo er seine Demission einreichen sollte, von dem Grafen Arco-Walley durch Revolverschüsse niedergestreckt wurde. Der Mörder Eisners war selbst halbjüdischer Herkunft.

Die Bemühungen deutscher Juden um den Wiederaufbau des Deutschen Reiches nach dem verlorenen Ersten Weltkrieg stießen auf alte Vorurteile, die in Treitschkes Formulierung »Die Juden sind unser Unglück« ihren lapidarsten Ausdruck gefunden haben.

Unter dieser Devise begann der Aufstieg Adolf Hitlers und damit der Untergang der deutschen Juden.

Nicht nur in Literatur und Kunst, Politik und Presse, nahmen Juden in der Zeit von 1918–1933 wichtige Positionen ein, auch die deutsche Wissenschaft wurde durch den genialen Physiker Albert Einstein zu internationaler Bedeutung geführt. Auf dem

Gebiete der Psychologie wurde der Vater der Psychoanalyse Sigmund Freud in Wien zu einem der Former unseres Jahrhunderts.

Einstein mußte Berlin verlassen und fand in Amerika Zuflucht; Freud mußte Wien verlassen und starb im Exil in London.

Ich nenne nur diese beiden Namen, die hier stellvertretend stehen sollen für eine Elite des deutschen Judentums.

Obwohl nach Ende des Zweiten Weltkrieges 1945 und dem Zusammenbruch des Dritten Reiches sich nur noch ein zahlenmäßig unbedeutendes Restjudentum in Deutschland rehabilitierte, fanden sich unter den gezählten Rückkehrern wiederum einige führende Politiker. Ich erinnere an Herbert Weichmann, der von 1965–71 erster Bürgermeister der Freien und Hansestadt Hamburg und vorher Präsident des Hamburgischen Rechnungshofes und Mitglied des Bundesrates in Bonn war. Als Bundesratspräsident (1968/69) war er Stellvertreter des Bundespräsidenten und damit zeitweise der zweite Mann in der Hierarchie der Bundesrepublik. Als solcher vertrat er die Bundesrepublik beim Staatsbegräbnis des israelischen Staatspräsidenten Ben-Zvi.

Weichmann hatte die Zeit des Dritten Reiches in der amerikanischen Emigration überlebt.

Der Justizminister von Nordrhein-Westfalen, Dr. Joseph Neuberger kehrte aus Israel nach Düsseldorf zurück.

So vereinzelt diese Fälle blieben, so zeigen sie doch die unauflösliche Kontinuität, welche die Jahre des Holocaust als dämonisches Zwischenspiel, aber nicht als das absolute Ende der deutsch-jüdischen Beziehungen erscheinen lassen.

Wesentlich ist in diesem Zusammenhang, daß die deutsche Öffentlichkeit diese Einzelfälle problemlos rezipierte, was in der Weimarer Republik nicht der Fall war.

Die Frage, ob es heute wieder ein deutsches Judentum gibt, muß noch offenbleiben. Jahrelang sprach man nur noch von »Juden in Deutschland«, und diese Formulierung wurde auch offiziell gewählt: »Zentralrat der Juden in Deutschland«. Man vermied also die früher übliche Bezeichnung »deutsche Juden«.

Heute aber spricht man in manchen Kreisen sogar von »jüdischen Deutschen«. Jedenfalls ist der alte Zustand nicht wieder hergestellt und wohl kaum wieder herstellbar.
Das zeigt sich vor allem in der innerjüdischen Struktur. Das deutsche Judentum hat geschichtlich ein eigenes Profil gewonnen, am ehesten vergleichbar dem hellenistischen Judentum zur Zeit Jesu, repräsentiert durch eine Gestalt wie Philo von Alexandrien, und das spanische Judentum des Mittelalters, repräsentiert durch Gestalten wie den Dichter-Philosophen Jehuda Halevi und den Philosophen, Theologen und Mediziner Maimonides.
Die Eigenständigkeit des mittelalterlichen deutschen Judentums hat sich vor allem im Kreise der Chassidej Aschkenas (der sogenannten »Frommen Deutschlands«) um Rabbi Jehuda Hechassid aus Speyer, der in Regensburg wirkte und dort 1196 starb, artikuliert. In seinem »Sepher Hachassidim« (Buch der Frommen) entwickelte er eine jüdische Ethik, die die Gettomauern durchbrach. In Paragraph 373 dieses Werkes empfiehlt er, eine Proselytin zu heiraten und so die Thora zu verbreiten: »Wer brav ist, heirate lieber eine Proselytin, die so guter Gesinnung wie er, bescheiden, wohltätig, ehrlich im Geschäft ist, als daß er ein Mädchen aus einer jüdischen Familie heirate, in der diese Tugenden nicht heimisch sind.«[1])
Überragende geistige Gestalten des Judentums lebten und lehrten auf deutschem Boden, man denke nur an Raschi (Rabbi Schlomo Jizchaki) (1040–1105), der zeitweilig in Worms lehrte, und bis heute als der bedeutendste Kommentator von Bibel und Talmud gilt. Auch der tragische Rabbi Meir von Rothenburg ist hier zu nennen, der angesehenste deutsche Rabbiner im Mittelalter, der unschuldig eingekerkert in Ensisheim im Elsaß 1293 starb.
Im 18. Jahrhundert ersteht, wie erwähnt, durch Moses Mendelssohn in Berlin ein neuer Typus des deutschen Juden und im

1) Der hebräische Dichter und Nobelpreisträger S. J. Agnon meinte, daß sich die jüdische Idee nie so vollendet konkretisierte wie im Kreise dieser Chassidej Aschkenas.

19. Jahrhundert wird durch Leopold Zunz (1794–1886) die Wissenschaft des Judentums begründet.
In unserem Jahrhundert haben vier Männer die innere Gestalt des deutschen Judentums bestimmt: der Neu-Kantianer Hermann Cohen, der mit seiner »Religion der Vernunft aus den Quellen des Judentums« gleichsam die Summe deutsch-jüdischer Geistesbegegnung zog, der Rabbiner Leo Baeck, der als letzter Repräsentant des deutschen Judentums (er überlebte Theresienstadt) in seinem »Wesen des Judentums« jene liberale Theologie dokumentierte, die für jüdische Religion im 19. und beginnenden 20. Jahrhundert so typisch war, sowie Martin Buber und Franz Rosenzweig, die vor allem durch ihre Verdeutschung der Schrift das hebräische Urgestein des Alten Testaments in deutscher Sprache nachformten.
Im vielstimmigen Chor Israels ist dieser Part des deutschen Judentums nicht zu überhören. Ob hier die Partitur weitergeschrieben wird? Ich wage es nicht zu entscheiden.
Auch der Zionismus hat in Deutschland eine ganz eigene Färbung und Tönung angenommen, gewissermaßen einen liberalethischen Nationalismus entwickelt, den kürzlich der Professor für deutsche Geschichte an der Hebräischen Universität in Jerusalem, Georg Mosse, dem wild auswuchernden deutschen Nationalismus der zwanziger und dreißiger Jahre konfrontierte.
Die Geschichte des deutschen Judentums als einer eigenständigen Größe gehört weitgehend der Vergangenheit an. *Nun aber ergibt sich die neue Problemstellung des Verhältnisses des heutigen Deutschland, der Bundesrepublik, zum Staat Israel.*
Ich spreche bewußt nur von der Bundesrepublik, da sich das kommunistische Deutschland der DDR der offiziellen Beziehungen zum Staat Israel enthält, eine vorwiegend negative Haltung gegenüber dem Judenstaat einnimmt und sich einseitig hinter die PLO stellt, die arabische Terror-Organisation, die dem Staat Israel den Vernichtungskampf angesagt hat. Obwohl auch in der DDR deutsche Juden in führende Positionen aufrückten, konnte das die ablehnende Haltung dieses Satellitenstaates nicht verändern.

Auch über Österreich, das gegenwärtig unter der Führung seines jüdischen Bundeskanzlers Bruno Kreisky steht, der ebenfalls aus seinen Sympathien für die PLO keinen Hehl macht, aber immerhin diplomatische Beziehungen zu Jerusalem unterhält, soll hier nicht gesprochen werden.
Die Bundesrepublik Deutschland hat sich selbst als Rechtsnachfolger des Deutschen Reiches definiert und unter dem ersten Bundeskanzler Konrad Adenauer daraus moralische Konsequenzen gegenüber Israel gezogen, die in der Geschichte einmalig sind.
Am 10. September 1952 fand die Unterzeichnung des Wiedergutmachungsabkommens zwischen der Bundesrepublik Deutschland und dem Staat Israel auf dem neutralen Boden von Luxemburg statt. Die deutsche Delegation wurde von Bundeskanzler Konrad Adenauer geführt, die israelische von Außenminister Mosche Scharett, dem als Vertreter des Weltjudentums der Präsident des Jüdischen Weltkongresses und der Zionistischen Weltorganisation Nachum Goldmann assistierte.
Der siebzehn Artikel umfassende Vertrag stellt völkerrechtlich ein Novum dar. Israel gehörte nicht zu den Siegerstaaten des Zweiten Weltkrieges, die Reparationsforderungen an die Bundesrepublik stellen konnten, denn der Staat Israel bestand zur Zeit des Zweiten Weltkrieges noch nicht. Aber ebenso wie die Bundesrepublik, die ihrerseits während des Zweiten Weltkrieges noch nicht bestand, sich selbst als die Rechtsnachfolgerin des Deutschen Reiches empfand, empfand sich der Staat Israel als Rechtsnachfolger der Opfer der Judenverfolgungen im Dritten Reich. Der israelische Delegationsführer Außenminister Mosche Scharett formulierte dies in folgender Weise: »In Anbetracht der Tatsache, daß die Bundesrepublik Deutschland in dem heute unterzeichneten Abkommen die Verpflichtung übernommen hat, eine Entschädigung für die Aufwendungen zu leisten, die dem Staate Israel durch die Ansiedlung jüdischer Flüchtlinge erwachsen sind oder noch erwachsen werden, wird die von dem Staate Israel geltend gemachte Forderung auf eine derartige Entschädigung, soweit sie gegen die Bundesrepublik

Deutschland gerichtet ist, von der Israelischen Regierung mit dem Inkrafttreten des heute unterzeichneten Abkommens als geregelt angesehen.«

Hinter diesen kühlen juristischen Formulierungen verbirgt sich aber eine moralische Revolution: die Anerkennung der unermeßlichen deutschen Schuld gegenüber dem jüdischen Volk.

Noch nie hatte sich ein Volk so tief an den Juden verschuldet wie die Deutschen in den Jahren des Holocaust, die selbst in der langen Martyriologie des jüdischen Volkes eine inkommensurable Größe darstellen.

Die sogenannte »Endlösung« der Judenfrage, frei von den Emotionen der Pogrome, frei von der Bekehrungswut der Kreuzfahrer und der Inquisition, stellt den best durchorganisierten Völkermord der Geschichte dar.

Auf diese negative Durchbrechung aller bisher bekannten historischen Kausalitäten mußte eine positive Durchbrechung aller bisher bekannten völkerrechtlichen Regelungen folgen. Ein verbales Schuldbekenntnis allein wäre nicht glaubwürdig gewesen, es mußte die sichtbare Geste der materiellen Entschädigung folgen.

Ich spreche bewußt von Entschädigung und vermeide das gängige Wort »Wiedergutmachung«.

Eine Wiedergutmachung des Mordes an Millionen unschuldiger jüdischer Menschen kann niemals möglich sein. Über den unendlichen Aschenfeldern von Auschwitz, Maidanek, Treblinka und all den anderen Schreckensorten, steht nur die Hoffnung des Glaubens: »Tod, ich will dein Tod sein.«

Menschlich-politische Bemühung konnte sich nur und ausschließlich der Wiedererstattung von geraubten und zerstörten Vermögenswerten und der Hilfe für die Geschädigten zuwenden.

Durch das Reparationsabkommen wurde der Weg zu diplomatischen Beziehungen zwischen dem Staat Israel und der Bundesrepublik Deutschland frei, ein schwerer und dornenreicher Weg. Als der erste deutsche Botschafter in Israel in Jerusalem dem Staatspräsidenten sein Beglaubigungsschreiben überreichte, de-

monstrierten noch die Opfer der NS-Verfolgungen, Invaliden aus den KZ-Lagern, gegen das Hissen der deutschen Flagge in Jerusalem, und die Klänge des Deutschlandliedes gingen unter im Chor der Protestrufe der Erniedrigten und Beleidigten.
Botschafter Rolf Pauls berichtete mir in einem Gespräch wenige Tage später in Tel-Aviv, daß er selbst von den zwiespältigsten Gefühlen zerrissen war; voll und ganz mit den Protestierenden fühlen konnte.
Durch den Vertrag von Wassenaar in Luxemburg ist bereits die ungewöhnliche, außerordentliche Beziehung zwischen Israel und Deutschland gekennzeichnet. Hier geht es nicht um die üblichen diplomatischen Kontakte zwischen der Bundesrepublik und einem kleinen Mittelmeerstaat im Vorderen Orient, sondern um etwas ganz anderes, geschichtlich Bedeutsames.
Juden und Deutsche sind durch ein Geschichtsschicksal miteinander verflochten, das der deutsche Botschaftsattaché in Tel-Aviv, Jörg von Uthmann, im Heineschen Bilde von »Doppelgänger, du bleicher Gesell« 1976 in seinem merkwürdigen Buche zur Pathologie des deutsch-jüdischen Verhältnisses darstellte.
Ein merkwürdiges Koinzidenz der neuesten Geschichte wollte es, daß auch die Staatsgründungen Israels und der Bundesrepublik Deutschland unmittelbar in den Jahren 1948 und 1949 aufeinander folgten.
Israel kam freilich nach einer mehr als zweitausendjährigen Zäsur zu voller Eigenstaatlichkeit, während die Bundesrepublik eine *Teil*-Reorganisation des Deutschen Reiches darstellte.
Es ist bemerkenswert, daß der jüdische Dichter Karl Wolfskehl noch 1934 im Exil in Florenz zu seiner Mitarbeiterin Margot Ruben bemerkte: »Die Monarchie ist die dem europäischen Menschen angemessene Regierungsform, Bindung die einzige Form seiner Freiheit.«[1])
Trotz Erkenntnissen dieser Art stand es für die Gründer des Staates Israel außer Zweifel, daß nur die Republik die mögliche

1) Karl Wolfskehl, Kalon bekawod namir (Aus Schmach wird Ehr). Amsterdam 1960.

Staatsform darstellen könne, denn der monarchische Gedanke in Israel hat eine messianische Überhöhung erfahren, die ihn real-politisch ausschließt.

Ein viel gesungenes hebräisches Volkslied besagt zwar:

David Melech Jisrael
Chai wekajam.

(David, der König Israels, lebt und besteht), aber diese Proklamation wird eschatologisch, im Sinne des kommenden Gottesreiches, verstanden.

Hingegen stellte sich dem Staat Israel das ernste Problem der Theokratie, da Religion und Volkstum im Judentum nicht voneinander zu trennen sind.

Der kategorische Imperativ Israels lautet: »Ihr sollt mir sein ein priesterliches Reich und heilig Volk« (Ex 19, 6), was dem Gedanken der Theokratie entspricht.

Theodor Herzl aber statuierte in seiner Staatsschrift »Der Judenstaat«: »Werden wir also am Ende eine Theokratie haben? Nein! ... Wir werden daher theokratische Velleitäten unserer Geistlichen gar nicht aufkommen lassen. Wir werden sie in ihren Tempeln festzuhalten wissen, wie wir unser Berufsheer in den Kasernen festhalten werden. Heer und Klerus sollen so hoch geehrt werden, wie es ihre schönen Funktionen erfordern und verdienen. In den Staat, der sie auszeichnet, haben sie nichts dreinzureden.«

So wie es sich der Planer dachte, konnte es nicht realisiert werden. Weder das Rabbinat noch die Armee waren politisch zu isolieren.

Israel wurde eine westliche Demokratie mit theokratischen Enklaven. Der ständig von außen bedrohte Staat mußte auch seinem Verteidigungsheer beratendes Mitspracherecht einräumen.

So stehen sie sich nun gegenüber, die beiden jungen Staaten alter Völker: Israel und die Bundesrepublik. Aber hinter diesen Produkten der Zeitgeschichte stehen die mythischen Bilder Ahasvers und der Germania.

Ahasver, nun heimgekehrt in die Urheimat seiner schier unendlichen Wanderung, blickt durch die Nebel der Geschichte auf die Gestalt in den fernen Gauen am Rhein, dem Fluß der Deutschen. Spricht er nicht das Bekenntnis ihres größten Dichters, das von heimlicher, unlösbarer Bindung Zeugnis gibt:

»... Sag, was will das Schicksal uns bereiten?
Sag, wie band es uns so rein genau?
Ach, du warst in abgelebten Zeiten
Meine Schwester oder meine Frau ...«

Exodus und Exil – Vom Leben in der Fremde

Der Deutsche Koordinierungsrat der Gesellschaften für christlich-jüdische Zusammenarbeit hat für das Jahr 1982 das Thema »Exodus und Exil – Vom Leben in der Fremde« gewählt. – Ich wurde aufgefordert, dazu Stellung zu nehmen, zumal ich in meinem eigenen Leben erfahren habe, was diese Losung umschreibt. In meinen Büchern »Jugend an der Isar«[1]) und »Ich lebe in Jerusalem«[2]) habe ich aus der Existenz, erzählend, die Stationen von Exodus und Fremde darzustellen versucht. Hier will ich versuchen, aus grundsätzlicher Sicht diese Aspekte zu beleuchten, wobei mancher Rückgriff auf die erwähnten autobiographischen Bücher unvermeidbar ist.

Mit den Begriffen Exodus und Exil sind zwei Grund-Intervalle jüdischer Geschichte und jüdischen Lebens gegeben.

Auch für andere Völker und Gruppen religiöser oder ethnischer Art (man denke nur an die Hugenotten, jene französischen Protestanten, die nach 1572 zur Auswanderung gezwungen waren, und die puritanischen Pilgrim Fathers, die 1620 England verließen, um in Massachusetts in Nordamerika eine neue Heimat zu finden, und an die Mormonen, die im ersten Drittel des 19. Jahrhunderts den Exodus innerhalb Amerikas nach Utah antraten, um in Salt Lake City ein neues Zentrum zu errichten) treten diese Stationen in das Licht der Geschichte, aber für das Judentum wurden sie zur sich immer wiederholenden Grundstruktur.

Schon zu Beginn der Geschichte des hebräischen Volkes vor über dreieinhalb Jahrtausenden ergeht der Ruf an Abraham: »Gehe aus deinem Lande und aus deiner Heimat und aus deinem Vaterhause in das Land, das ich dir zeigen werde« (Gen 12, 1). Damit ist das Leitmotiv der jüdischen Geschichte angeschlagen. Urvater Abraham bricht auf aus der ihm bekannten Umgebung in Ur in Chaldäa in die Ungewißheit des verheißenen Landes.

Die Genesis schildert seine Wanderung, seine Probleme in fremder Umgebung bei Philistern, Ägyptern und Kanaanitern – und

1) 1980, Bleicher Verlag, Gerlingen.
2) 1979, Bleicher Verlag, Gerlingen.

bleibende Stätte findet er eigentlich nur in dem Erbbegräbnis in der Höhle Machpela, die er zunächst für seine Frau Sara von den Bewohnern Hebrons erwirbt. Dort werden auch sein Sohn Isaak und sein Enkel Jakob beigesetzt, mit ihren Frauen Rebekka und Lea.

Sie alle haben die Stationen von Exodus und Exil in ihrem Erdenleben durchlaufen, fanden nur in der Grabhöhle dauernden Aufenthalt.

Ein jüdischer Dichter jüngster Vergangenheit, der selbst im Exil gestorben ist, Franz Werfel, hat im Sommer 1938 in seinem Gedicht »Der gute Ort zu Wien« dieses Geschichtsschicksal Israels in acht Zeilen gefaßt:

> Vergißt du immer den Befehl,
> Der dich umlastet, Israel?
> Du mußt den Ländern, die dich hassen,
> Als Stapfen deine Gräber lassen.
>
> Solang noch einer Erdenflur
> Nicht eingerammt ist solche Spur,
> Solang wird dein Geschick gewendet,
> Du wirst verworfen, wirst gesendet.

Der Enkel Abrahams, Jakob, zieht mit seiner Sippe aus dem Verheißungsland »hinab« nach Ägypten, Hunger und Teuerung haben ihm den Weg gewiesen. In Ägypten aber, das sozusagen nur als »Nachtasyl« (Max Nordau) für die hebräischen Stämme gedacht war, bleiben sie über vierhundert Jahre, um dann in das Abenteuer der Wüste aufzubrechen.

Ein landloses Volk sucht den Weg in fruchtbares Kulturland. Das ist ein Vorgang, der sich in der Geschichte immer wiederholt. Man denke nur an den Steppensturm der Völkerwanderung in Europa. Die Jakobssippe aber sucht – im Sinne der biblischen Historiosphie – den Heimweg in die verlorene Heimat, die in der Seele des Volkes, sagenhaft überhöht, bewahrt wurde.

Exodus und Exil stehen so am Beginn der Volksgeschichte: der Exodus aus dem Exil Ägyptens, aber dieser Exodus führt in eine

Heimat, die Fremde ist. Welch ein Paradox! Heimat und Fremde in einem Raum umfaßt.
Wie fremd das als die gottgegebene Heimat gepriesene Land den Stämmen Israels war, geht aus den beiden Kundschaftergeschichten der Bibel hervor. Mose entsendet, gemäß der Zahl der Stämme Israels, zwölf Kundschafter, um das Land der Verheißung auszuspüren. Zehn der Kundschafter kommen mit einem negativen Report zurück, nur Josua und Kaleb preisen das Land und geben dem Volke Mut, sich die Heimat zu erobern. Und der getreue Kundschafter Josua sendet später seinerseits zwei Kundschafter aus, die die strategische Situation in Jericho erkunden.
Das Volk des Exodus kannte seine Heimat nicht, sie war ihm fremd, und in den Anfechtungen der Wüstenwanderung sehnt man sich nach dem Exil und seinen relativen Sicherungen, den berühmt berüchtigten Fleischtöpfen Ägyptens, zurück.
Das Motiv von Exodus und Exil wird wieder aufgenommen nach der Zerstörung Jerusalems durch Nebukadnezar von Babylon 587 v. Chr. und beherrscht die relativ kurze Epoche der Babylonischen Gefangenschaft 586 bis 538 v. Chr. Der 137. Psalm gibt davon beredtes Zeugnis:

> An den Strömen Babels,
> Saßen wir und weinten,
> Wenn wir an Zion dachten . . .
>
> Wie könnten wir singen die Lieder des Herrn,
> fern, auf fremder Erde,
> wenn ich dein vergäße, Jerusalem,
> soll meiner Rechten vergessen werden.

Die Rückwanderung aus dem Exil in die fremd gewordene Heimat, jener zweite Exodus unter Esra und Nehemia, darf nicht idealisiert werden. Ein großer Teil der Exulanten verblieb in Babylon . . . bis zum Jahre 1948, bis zur Staatsgründung Israels, als die Juden des Irak zu ihrer Auswanderung *gezwungen* wurden, die ihnen der Großkönig von Persien, Koresch, im Jahre 538 v. Chr. in seinem berühmten Edikt angeboten hat, mit dem die hebräische Bibel schließt: »Jeder unter euch, der zu Seinem Volke gehört, – der Herr, sein Gott, sei mit ihm – der ziehe hinauf« (2. Chr 36, 23).

Der dritte Exodus ist kaum als solcher zu bezeichnen. Es ist die Vertreibung der Juden aus ihrem Lande, nach der Zerstörung des Zweiten Tempels im Jahre 70 n. Chr., und schließlich der letzten Reste des Volkes nach dem mißglückten Bar-Kochba-Aufstand 135–136 n. Chr.

Das riesige Imperium Romanum, praktisch die damals bekannte Welt, wird die Heimat der Heimatlosen. Überall entstehen Judensiedlungen, und diese Lebensform im Exil wurde den Juden gleichsam zur zweiten Natur. Das merkwürdige aber ist, daß sie trotzdem überall ihr »portatives Vaterland«, wie es Heinrich Heine in seinen »Geständnissen« nannte, bewahrt haben, nämlich in der Form eines Buches, der hebräischen Bibel, die ihnen zur unverwüstlichen Heimat wurde.

In diesem Buche atmeten die Fluren Kanaans, überall wo Juden seßhaft wurden, in allen Teilen der Welt. Konnten sie nirgends ganz heimisch werden, weil sie die Heimat im Wort mit sich führten, oder flohen sie in die unzerstörbare Wortheimat, weil ihnen die Länder der Diaspora nie ganz zur Heimat werden konnten?

Diese Frage ist letztlich nicht zu beantworten. Es geht hier um eine Doppelwirkung, eine dialektische Spannung, die den Rhythmus der jüdischen Geschichte bis auf den heutigen Tag bestimmt.

Auch in unserer Zeit hat sich diese Grundsituation erhalten, wenngleich durch die Errichtung des Staates Israel und den Exodus nach dem Holocaust eine unverkennbar neue Station auf dem Wege des wandernden Gottesvolkes errichtet wurde.

Nirgends waren die Juden so heimisch wie in Deutschland.

Der Prozeß der Assimilation war bereits so weit fortgeschritten, daß ein Theoretiker wie Felix A. Theilhaber im Jahre 1921[2]) in seinem Buch »Der Untergang der deutschen Juden« das Verschwinden dieser Minderheit binnen zwei oder drei Generationen voraussagte, wobei er nicht mit einer Katastrophe rechnete, wie sie 1933 nach der Machtergreifung durch die Nationalsozialisten einsetzte.

Durch Taufe, Mischehe, Überhandnahme der Sterblichkeit, war dieses deutsche Judentum auf absteigender Linie. Die Zahl der Juden, vor allem in intellektuell führenden Schichten, die keine positive Bindung mehr an ihre Glaubensgemeinschaft hatten, nahm ständig zu.

Dieser Prozeß der Verschmelzung mit der Umwelt unter Verlust der eigenen Identität wurde durch die Rassengesetzgebung des NS-Staates abrupt unterbrochen – und nun sah sich das deutsche Judentum wiederum vor die Frage: Exodus und Exil – Leben in der Fremde, oder Untergang in der verfremdeten Heimat, gestellt.

Für denjenigen Teil der deutschen Judenheit, der nun zunächst die Wege ins europäische Exil fand, wobei Zürich, Prag, Stockholm, Amsterdam und Paris Kulminationspunkte wurden, stellte sich das Problem in seiner ursprünglichen Schärfe. Auf den Exodus folgte das Exil (Exil ist immer zeitweilig gedacht), wobei man sich im Leben in der Fremde, vor allem auch im fremdsprachigen Raum einrichten mußte.

Die Strukturen verhärteten sich in der zweiten Phase der Auswanderung in überseeische Gebiete, vor allem Amerika. Nur relativ Wenige kehrten aus Amerika zurück. Ein neuer Assimilationsprozeß setzte ein, deutsche Juden wurden in Amerika seßhaft. Ein analoger Vorgang ist in England zu verzeichnen, kaum aber auf dem europäischen Kontinent.

Ganz anders gestaltete sich die Problemlage bei der Auswanderung nach Palästina, Erez Israel, dem heutigen Staat Israel. Hier war noch einmal die biblische Ursituation gegeben. Exodus in ein fremdes Land, das aber als Heimat des Volkes reklamiert wurde.

Die Nichtzionisten unter uns hatten es leichter, da sie offen und eindeutig zugaben, daß sie durch die Ungunst der Verhältnisse in Deutschland zur Auswanderung gezwungen, Palästina als rettendes Exil dankbar empfingen. Sie wurden oft die besten Elemente des zionistischen Aufbauwerkes, lebten sich fraglos ein, und blieben zumeist auch nach 1945 im Lande Israel. Paradoxalerweise war es für Zionisten aus Deutschland am schwersten, die Fremdheit im Lande Israel zu überwinden. Gerade bei dem zionistisch vorgebildeten Einwanderer stießen Ideologie und Realität, Ideal und Wirklichkeit, »hart im Raume« aufeinander.

Wir Zionisten hatten das Land Israel und seinen Jischuv, seine jüdische Bevölkerung, idealisiert, überschätzt, erwarteten eine bessere Gesellschaft und ein erneuertes Judentum, wobei dieser Begriff oft reichlich nebulos blieb.

Wir begegneten einem osteuropäischen Kleinbürgertum, einem uns wesensfremden orientalischen Judentum, einer seit zwei bis drei Generationen im Lande ansässigen Schicht, die uns als mehr oder minder lästige Fremdlinge behandelte – und wir sahen uns einer Sprache, dem Hebräischen, konfrontiert, die wir als unsere Volkssprache akzeptierten, aber nicht verstanden.

Aus alledem ergab sich eine latente innere Spannung von Heimat und Exil, der ich in einem heiteren (und doch tief ernsten) Gedicht Ausdruck gab:

Traumgeographie

Daß die Fremde heimisch mir geworden
Weist des Traumes lächelnd leise Spur:
Zwischen neuen und verlornen Orten
Spann der Traum nun seine Silberschnur.

Immer ging ich in den letzten Jahren
Nur durch meiner Kindheit Straßennetz,
Fern den Tagessorgen und Gefahren
Heimgekehrt durch heimliches Gesetz.

Aber jetzt umfängt die Stadt der Träume
Meiner Träume, Nacht um Nacht
Ungeheure traumverbundne Räume
Die ich schlafend mir in Eins gedacht.

Es geschieht nun, daß ich ungehindert
Von Jerusalem nach Schwabing geh . . .
Tausend Meilen sind zum Sprung vermindert:
Tel-Aviv liegt nah am Tegernsee.

Sprachen fließen seltsam bunt zusammen,
Fremde Völker, Länder trennt kein Meer.
Schnaderhüpfl und Makamen
Sag und sing ich durcheinander her.

Meiner Träume Internationale
Hat die Grenzen aus der Welt gefegt:
Überglobus wird mir meine schmale
Bettstatt, kaum hab ich mich hingelegt.

Dieses Gedicht entstand in den vierziger Jahren (etwa fünf Jahre nach meiner Übersiedlung nach Jerusalem im Jahre 1935), inzwischen aber hat sich die Situation noch einmal von Grunde auf geändert.

Nach Gründung des Staates Israel, im Jahre 1948, begann die Masseneinwanderung aus den Ländern des Islam. Juden aus Ägypten und Irak, Iran und aus der Türkei strömten ins Land Israel. Das jemenitische Judentum, das nur durch eine relativ kleine Vorhut im Lande vertreten war, wurde nun praktisch liquidiert, über Aden, in das Land Israel, in der »Aktion Zauberteppich« auf dem Luftwege transferiert.

In einer weiteren Phase der Einwanderung kamen die Juden aus Nordafrika: Marokko, Algier und Tunis, selbst aus den Höhlen des Atlas.

Damit wurde die Reorientalisierung des israelischen Judentums, lange Zeit romantische Forderung westlicher Literaten wie M. Y. Ben-gavriel (ursprünglich Eugen Höflich aus Wien) zur problemgeladenen Umweltswirklichkeit.

Mühsam hatten wir uns mit dem osteuropäischen Element arrangiert, wohl neben dem Hebräischen auch einige Brocken Jiddisch gelernt, da trat uns ein Judentum entgegen, das uns völlig unbekannt und fremd war. Wir hatten es auf der »jüdischen Landkarte« übersehen. Von einem mittelalterlichen spanischen Judentum der Sepharden hatten wir wohl eine, schon von Heine vorgebildete romantische Vorstellung. In seinem Fragment »Jehuda ben Halevy« besingt er diesen spanisch-jüdischen Dichter (1080–1145), seinen frühmittelalterlichen Kollegen:

Und Jehuda ben Halevy
Ward nicht bloß ein Schriftgelehrter,
Sondern auch der Dichtkunst Meister,
Sondern auch ein großer Dichter.

Ja, er ward ein großer Dichter,
Stern und Fackel seiner Zeit,
Seines Volkes Licht und Leuchte,
Eine wunderbare, große

Feuersäule des Gesanges,
. . . .

So also stellten wir uns die Sepharden vor. Sie waren anders ...
Es wäre dasselbe, wenn man sich die Deutschen als das Volk der Dichter und Denker vorstellte, sie an Goethe, Schiller, Hölderlin und Novalis messen würde und dem deutschen Spießer begegnete, vom Nazi ganz zu schweigen.
Noch einmal hat sich die Heimat verfremdet. Problematische Erscheinungen in der Gesellschaft des jungen Staates, die keineswegs von ethnischen Problemen allein bestimmt sind, haben diesen Prozeß noch intensiviert.
Auf der anderen Seite trat das Land meiner, unserer Herkunft, Deutschland, wieder in das Licht des gelebten Tages. Ein Jahrzehnt glich es der versunkenen Atlantis, die aber nicht von den Fluten des Meeres, sondern von Strömen Blutes bedeckt, in die Tiefen unauslotbarer Erinnerung versunken war.
Ein anderes Deutschland stellte sich dar; war es wirklich ein *anderes* Deutschland? Das wollte erkundet werden in Fahrten und Begegnungen mit einer jungen deutschen Generation.
Dieses andere Deutschland erschloß sich mir in vielfältigen Be-

ziehungen, so daß die Bipolarität meines Lebens unverkennbar meine späten Jahre prägt.
Da stehe ich nun also, keineswegs allein, sondern fast wie ein Repräsentant einer scheidenden Generation, zwischen zwei Heimaten, die aus Exodus und Exil erwachsen sind.
Die Bande der Sprache binden mich noch immer stärker an das Land der Herkunft; die Bande des Schicksals und des Glaubens stärker an das Land der Verheißung, das Land der Väter und der Kinder – und bereits der Enkel.
Die Ambivalenz ist offenbar und soll nicht entschärft werden. Sie gehört zu der Existenz im Zweistromland, das für mich durch Isar und Jordan gekennzeichnet wird.
Die zwei Städte meines Zweistromlandes blieben München, die Stadt meiner Geburt und Jugend, und Jerusalem, die weltalte Hauptstadt Israels, in der ich den größten Teil meines Lebens verbrachte. Aber über beiden leuchtet die Schrift auf:

> Denn wir haben hier keine bleibende Stadt,
> sondern die zukünftige suchen wir. (Hebr 13, 14)

Sprache als Heimat

Aus einem Land kann man auswandern, aus der Muttersprache nicht. Die unlösbare Verbundenheit mit der Sprache ist für den Schriftsteller, dessen Instrument die Sprache bleibt, noch intensiver als für andere Menschen, die dem Mysterium der Sprache in unbewußter Naivität zugetan sind, ohne dieses Phänomen zu reflektieren. Alfred Kerr, der nicht nur ein großer Kritiker und Reiseschriftsteller, sondern auch ein Lyriker von hoher Sprachmusikalität war, hat in der Emigration das Heimaterlebnis der Sprache in die Zeilen gefaßt: »Was ist Heimat? Kindheit, Wiegenklang, Sprachgewöhnung und Erinnerungszwang . . .«

Auch wenn wir die Sprache eines anderen Landes, das uns zur Heimat wurde, bis zu einer gewissen Perfektion erlernt haben, die Sprache der Seele, die Sprache des Unbewußten, die Sprache des Traums, bleibt die Muttersprache. Diese Tatsache wurde für die heimatlos gewordenen deutschen Juden in den dunklen Jahren nach 1933 zu einem Problem besonderer Art, dem der Dichter Ernst Lissauer tragischen Ausdruck verlieh: »Du, der die Sprache seiner Feinde liebt / Mit jeder Silbe hälst du dir Gericht!«

Für alle emigrierten deutschen Schriftsteller ergab sich dieser Konflikt, aber für die Autoren, die der böse Wind des Haßes an die Küste des Landes Israel, Palästina, getrieben hatte, verschärfte sich der Zwiespalt. In anderen Ländern war die neue Sprache – Englisch, Französisch, Spanisch, Portugiesisch – ein Gebot der Notwendigkeit, die Forderung des Tages, um mit Thomas Mann zu sprechen, der in bitterer Selbsterkenntnis vermerkte, ein Schriftsteller sei ein Mensch, dem es schwerer als anderen falle, eine neue Sprache zu erlernen.

Für uns aber, die wir in das »Hebräerland« heimgekehrt waren, ging es nicht nur um ein neues Verständigungsmittel, sondern um die Heimkehr in die Ursprache unseres Volkes. Die Auferstehung der hebräischen Sprache, die jahrhundertelang nur Sprache des Gebetes und des Studiums, wohl auch der Dichtung und des interterritorialen Briefverkehrs unter Juden verschiedener Länder war, gehört zu den großen Wundern unseres Jahrhunderts. Das Kirchenlatein konnte nicht mehr zum Leben erweckt werden, aber das Hebräische wurde wieder die Sprache des alten Bibelvolkes im Lande seines Ursprungs. Durfte man sich diesem Wunder verschließen? Nicht nur Verstand und Notwendigkeit forderten die Teilnahme an solcher Erweckung; das Herz selbst sehnte sich nach dem Gleichklang mit solchem Urlaut.

Der Prager Dichter Max Brod, der in Tel-Aviv eine neue Heimat gefunden hatte, schrieb (noch in Prag, in einem deutschen Gedicht): »Dreißig Jahre alt bin ich geworden, / Eh ich begann, die Sprache meines Volks zu lernen. / Da war es mir, als sei ich dreißig Jahre taub gewesen.«

In einer enthusiastischen Schlußstrophe schildert er das Echo dieser Sprache: »Als klirre Wüste auf, Zusammenlaufen, / Ein Späherpfiff, ein ganz vergeß'ner Hörnerschall, /Und unsres alten Gottes Zuruf vom Gebirge.«

Aber auch dieses Bekenntnis zur hebräischen Sprache wurde zum deutschen Gedicht. Max Brod wurde in Tel-Aviv Dramaturg des hebräischen Nationaltheaters »Habimah«, und dennoch schrieb er seine Bücher nur und ausschließlich deutsch.

Martin Buber, ein Meister der hebräischen Sprache, der es ablehnte, in ein Lexikon der Literatur der Emigration aufgenommen zu werden, da er schon vor 1933 Deutschland verlassen wollte, blieb dennoch dem Deutschen so tief verhaftet, daß er sein Werk vorwiegend, wenn auch nicht ausschließlich, in dieser Sprache seiner Anfänge und Reife vollendete. Es ist erschütternd, daß Buber, der so tief zu den Wurzeln des Hebräischen hinabgestiegen war (seine Bibel-Übersetzung legt davon bleibendes Zeignis ab), in den letzten Tagen vor seinem Tode, auf dem Krankenbett, nur noch deutsch sprechen wollte. Waren Schmerz und Abschied nur noch in der Muttersprache zu artikulieren?

Der Schriftsteller Arnold Zweig zerbrach an der Ausweglosigkeit des Sprachproblems und kehrte kurz nach der Gründung

des Staates Israel nach Berlin zurück, da er nur im Raum der lebendigen deutschen Sprache in dieser zu schaffen vermochte. Ich werde es nicht vergessen, wie mir der enttäuschte Dichter in einem Gespräch bekannte: »Ich hatte mir vorgestellt, daß ich am Abend in der Dämmerung auf einer Bank am Straßenrand mit meiner Pfeife sitzend mit jedem Arbeiter ein Gespräch anfangen könne . . .« – Er hatte vergessen, verdrängt, übersehen, daß der Arbeiter im Lande Israel nicht notwendig die Sprache Arnold Zweigs beherrscht. Sprachvereinsamung trieb ihn aus der neuen Heimat in die verfremdete alte Heimat der Sprache.
Das erschütterndste Beispiel bleibt für mich die Dichterin Else Lasker-Schüler. Sie hatte nach ihrem ersten Besuch in Palästina den phantastischen Reisebericht »Das Hebräerland« (Zürich 1937) veröffentlicht, sie hatte in ihrem herrlichen Gedicht »Sulamith« in ihren »Hebräischen Balladen« (1913) bekannt: »Und meine Seele verglüht in den Abendfarben Jerusalems.« Es war ein Wort prophetischer Schau, denn in Jerusalem verglühte ihre Seele 1945. Aber in Jerusalem schlug sie ganz andere Töne an: »Ich habe zu Hause ein blaues Klavier /Und kenne doch keine Note. / Es steht im Dunkel der Kellertür, / Seitdem die Welt verrohte.«
Ist dieses blaue Klavier nicht ein Symbol der Sprache der Dichterin? Im Hebräerland mußte es im Schatten der Kellertür stehen. Nur wenige konnten den Zauberklang noch vernehmen.
Der hebräische Dichter Uri Zvi Greenberg meinte von Else Lasker-Schüler, sie schreibe Hebräisch mit deutschen Wörtern. Eine wunschgetragene Aussage. Schon Peter Hille, der Stern der Jugend der Lasker-Schüler, nannte sie den »schwarzen Schwan Israels«. Sicher lebte eine hebräische Urerinnerung in der verglühenden Seele der Dichterin, aber sie konnte keinen hebräischen Satz sagen, blieb ganz eins mit der deutschen Sprache. Im Wuppertaler Platt, im Berliner Slang und in den Dithyramben ihrer expressionistischen Dichtung. Mit Recht hat man sie die größte deutsche Dichterin seit Annette von Droste-Hülshoff genannt. Sie blieb in der deutschen Sprachheimat inmitten der hebräischen Heimat ihrer Seele, zerrissen, zerklüftet, eine »Verscheuchte«.

Ich selbst war wesentlich jünger, gehörte einer anderen Generation an als die Autoren, die, im Zenit ihres Werkes stehend, den Sprachraum ihres Schaffens verlassen mußten. Erste tastende Versuche, Gedichte und Erzählungen, eine dramatische Legende – alles noch im Schatten großer Vorbilder, hatte ich aufzuweisen, als ich aus meiner Heimatstadt München, dem Kompaß des Herzens folgend, nach Jerusalem kam, das mir Heimatstadt werden sollte. Ein junger Mann, zweiundzwanzig Jahre alt, so betrat ich die Stadt Davids. Sie ließ mich nicht mehr los – und doch blieb ich auch in ihr der Sprache meiner Herkunft verbunden, unlösbar, fraglos.
Diese Sprachverbundenheit führte zu seltsamen Konstellationen. Viele Jahre war ich durch das Band der Sprache, der deutschen Muttersprache, mit älteren Menschen verbunden; Menschen, die eingebunden waren in das Erbgut dieser Sprache. So verband mich eine tiefe Freundschaft mit dem Schriftsteller Gerson Stern, der mein Vater hätte sein können. Mit ihm gemeinsam gab ich 1941 (also mitten im Zweiten Weltkrieg) eine Auswahl literarischen Schaffens in Erez Israel heraus, die den hebräischen Titel »Menora« (Der Leuchter) führte, aber durchweg in deutscher Sprache gehalten war.
Diese Sammlung vereinigte Beiträge deutsch schreibender Autoren im damaligen Palästina, unter ihnen Josef Kastein, Manfred Sturmann, Ludwig Strauss, Hugo Bergmann, Werner Bukofzer, Sammy Gronemann, Felix Welsch – und natürlich Max Brod, Else Lasker-Schüler, Arnold Zweig und die beiden Herausgeber: Gerson Stern und Schalom Ben-Chorin.
Ein Blick auf diese Sammlung zeigt, wie selbst noch im Kriege eine Sprachinsel bewahrt blieb. Im Vorwort zu dieser Sammlung hieß es: »Ist aber das Lebensrecht der Dichtung in dieser Zeit nicht in Frage gestellt?« und darauf folgte die Antwort: »Nein! Wort und Geist sind Kräfte, die Gewalt und Zerstörung überdauern.« Hier war nur vom Wort als solchem die Rede, aber es war das deutsche Wort, das in doppelter Anfechtung –

Anfechtung der Zeit und des Landes – seine Dauerkraft erwies. In diesen Jahren des Krieges und bereits vorher, seit den Anfängen des Dritten Reiches 1933 und der sich daraus ergebenden Einwanderung deutscher Juden in Palästina, lebte der Sprachenkampf wieder auf. In der Zeit vor dem Ersten Weltkrieg war das jüdische Palästina bereits einmal Schauplatz eines solchen Sprachenkampfes. Der »Hilfsverein der deutschen Juden«, der unter anderem die Errichtung einer Technischen Hochschule in Haifa förderte, wünschte das Deutsche als Lehrsprache, während die junghebräische Bewegung darauf bestand, daß das Bildungswerk im Lande Israel nur hebräisch »rak Ivrith« werde. Die hebräischen Puristen siegten; sicher mit Recht, denn erst durch die Wiedererweckung der hebräischen Sprache konnten die Rückkehrer in das Land Israel ihre volle Identität erlangen und etwas von der Fremdheit abbauen, die zwischen den Juden so verschiedener Herkunftsländer und Muttersprachen bestand.

Später aber, in den dreißiger und vierziger Jahren unseres Jahrhunderts, war es keine Frage mehr, daß das jüdische Palästina, Erez Israel, sich hebräisch artikulierte. Vom Kindergarten bis zur Universität, vom Markt bis zum Theater, von der Hochsprache der Literatur bis zu den Vulgarismen der Unterwelt, hatte sich das Hebräische bereits durchgesetzt. Dennoch war das Deutsche einem oft zügellosen Haß ausgesetzt. Es ging nicht mehr um die Vorherrschaft und den Bestand des Hebräischen. Es ging um die tragische Verwechslung von Staat und Sprache. Deutschland, das Deutschland Hitlers, hatte sich als der erbarmungslose Feind des jüdischen Volkes erwiesen. Der berechtigte Haß gegen diesen Unrechtsstaat erstreckte sich nun auf seine Sprache und damit auch wieder auf die geflüchteten Opfer Hitlers. Dieser miserable Stilist wurde zum Maßstab für die Sprache, in der nicht nur die großen Dichter der Deutschen, sondern auch so viele Denker des Judentums, und – Paradoxie und Treppenwitz der Geschichte – die Väter des Zionismus sich ausgedrückt hatten.

Theodor Herzl, der Vater des politischen Zionismus, war ein deutscher Schriftsteller und Journalist aus Budapest, in Wien lebend. Seine Programmschrift »Der Judenstaat« (1896) ist deutsch verfaßt. Das offizielle Programm des Zionismus wurde auf dem ersten Zionistenkongreß 1897 deutsch formuliert. Herzls engster Mitarbeiter Max Nordau war ebenfalls ein aus Ungarn stammender deutsch schreibender Autor, dessen Bücher um die Jahrhundertwende viel gelesen wurden. Selbst ein russischer Jude wie Leon Pinsker schrieb seinen »Mahnruf an seine Stammesgenossen von einem russischen Juden« – »Autoemanzipation« – 1882 in deutscher Sprache.

Das alles war vergessen und verdrängt. Eine tiefe Abscheu gegen das Deutsche entlud sich in Boykottmaßnahmen und Gewalttaten gegen die Sprache und ihre Träger. Die ersten Anfänge einer deutschsprachigen Presse hatten sich im damaligen Palästina gebildet. Während eine in Tel-Aviv erscheinende deutsche Tageszeitung sich entgegen oft wiederholten Anschlägen durchsetzen konnte, mußte eine avantgardistische Zeitschrift »Orient«, die Arnold Zweig und Wolfgang Yourgrau in Haifa herausgaben, dem politischen Druck der hebräischen Sprachfanatiker weichen; allerdings kam hier hinzu, daß eine linksgerichtete kosmopolitische Einstellung der zionistischen Grundkonzeption widersprach.

Es war nicht leicht, in diesen Jahren der Bedrohung von außen durch den Krieg auch noch der Bedrohung von innen durch diesen unseligen Bruderhaß standzuhalten. Dennoch blieben wir, eine Handvoll Menschen, die dem Klang und Zwang der Sprache der Herkunft in der Fraglosigkeit der Existenz verfallen waren, ihr immer treu. Vielen zerfiel die Sprache in ungereimte Brocken, wahllos durchsetzt mit Elementen und Vokabeln der Sprache der Umwelt. Sie wurden – in einem wesentlichen Sinne – sprachlos. Sprache wurde ihnen nur noch Verständigungsmittel, nicht Ausdruck des Seins. Sie verlernten das Deutsche, ohne das Hebräische zu meistern, und flohen oft ins Englische, um so einen Ersatz für die Bildungssprache zu finden, die sie verloren hatten.

Zweisprachigkeit wurde unser aller Los, aber diese Zweisprachigkeit konnte sehr verschiedene Formen annehmen. Dem Mischmasch der vielen stand die scharfe Sonderung der Wenigen gegenüber, die Sprachbewußtsein und Sprachverantwortung der alten Muttersprache gegenüber als unabdingbare Pflicht empfanden und gleichzeitig mit so geschärftem Sprachbewußtsein und immer fragender Sprachverantwortung sich der neuen, alten Volkssprache zuwandten. Die Stimmung dieser Tage und Jahre spiegelt sich in meinem Gedicht »Meine Sprache«:

Mit jeder Faser meines Seins
Bin ich mit dieser Sprache eins,

Ward ich mit dieser Sprache groß
Bedingungslos,

War ich in dieser Sprache jung
Voll Hoffens und Begeisterung,

Ward ich in dieser Sprache müd
Entlaubt von allem meinem Lied.

Litt ich mit dieser Sprache um
Ihr Marterkreuz und wurde stumm.

Und wurde sie aufs neu gelehrt,
Da ich im Schmerzschrei sie gehört.

Bis sie an blutiger Totenbahre
Erscholl als weckende Fanfare.

Die fraglose Verbundenheit mit der Sprache der Herkunft führte zu oft seltsamen Konstellationen. Ich möchte in diesem Zusammenhang an einen heute verschollenen Autor Adolf Chaies erinnern, der aus Rumänien stammte, aber nur und ausschließlich deutsch schrieb. Im Jahre 1936 gab ich mit ihm gemeinsam

ein Sammelheft jüdischer Dichtung »Die Ernte« heraus. Es erschien in Jerusalem, aber die Mitarbeiter lebten in verschiedenen Zentren der Emigration: Alfred Wolfenstein (Paris), Else Lasker-Schüler (damals noch Zürich), Oskar Baum (Prag); auch Rudolf Fuchs, Friedrich Torberg, Heinz Politzer und Gertrud Urzidil lebten damals in Prag. In Deutschland verblieben waren noch der alte Dramatiker Georg Hirschfeld in München und Hilde Marx in Berlin. Aus Jerusalem selbst kamen die beiden Herausgeber sowie Ludwig Strauss, der einzige, dem es gelang, auch in hebräischer Sprache zu dichten, und Werner Kraft sowie N. Y. Ben-Gavriêl, der sich schon in den zwanziger Jahren in Jerusalem niedergelassen hatte und von hier aus in deutscher Sprache für die Reorientalisierung der Juden publizistisch kämpfte. Er stammte aus Wien, hatte seinen Namen hebraisiert, wie auch ich dies später tat, ohne die Tiefenbindung an die Sprache der Kindheit und Jugend aufzugeben.
Der »Ernte« gab ich die optimistische Proklamation voraus: »Die jüdische Dichtung in deutscher Sprache ist heimatlos geworden. Mit diesem Heft soll der Versuch gewagt werden, dieser Dichtung ein neues Heim zu schaffen.« Dieser Versuch ist freilich nicht gelungen. Land um Land fiel der deutschen Okkupation zum Opfer, die Sprachinseln für das freie deutsche Wort wurden immer kleiner und isolierter. Nur noch in vervielfältigter Form erschienen Gedichte und Prosa aus der Feder von Schriftstellern, die kein anderes Instrument zu spielen vermochten als das der Muttersprache.
Ein Kind in dieser Zeit im Lande Israel in deutscher Sprache zu erziehen, war ein Wagnis besonderer Art. Das Kind wurde auf solche Art unbewußt in ein Spannungsfeld gestellt, das die Einheit der Persönlichkeit bedrohte. Und dennoch wagte ich auch diesen Versuch, eigentlich ohne mir des Wagnisses voll bewußt zu werden.
Wo spräche das Herz deutlicher als zum eigenen Kinde? Kann man ihm die kleinen Verse, die uns selbst im Dämmer des erwachenden Verstandes entzückten, vorenthalten, ihm den Märchengarten verschließen, in dem wir uns einmal verloren hatten

wie Hänsel und Gretel im Walde? Wenn dies alles verstummen sollte, würde uns nicht der Mund versiegelt, würde nicht das Herz taub?

Wir sprachen deutsch mit dem Kinde, aber das Hebräische wuchs ihm dennoch zu, ja, das Sprachbewußtsein wurde so geschärft und das Denken frühzeitig geübt. Die Umwelt verstand das nicht, reagierte oft heftig, wenn das Kind ahnungslos auf der Straße, im Autobus, in einem Laden ganz unbekümmert ein deutsches Wort fallen ließ. Wir mußten ihm einschärfen, daß nur zu Hause und bei Freunden deutsch gesprochen werden dürfe. Die Muttersprache wurde zu einem Idiom der Verschwörung, eine Art Geheimsprache, aber gerade dies bot wiederum einen besonderen Reiz, denn Kinder lieben eine Art Privatsprache, erfinden sie oft für sich selbst, wie es Stefan George im »Jahr der Seele« ausdrückt:

»Schon als die ersten kühnen wünsche kamen / In einem seltnen reiche ernst und einsam / Erfand er für die dinge eigne namen.«

Eine Bekannte in Jerusalem erzählte mir in diesem Zusammenhang, daß sie mit ihrem damals kleinen Sohn eine Art Geheimsprache von an sich sinnlosen Lauten praktizierte, wenn das Deutsche Anstoß bei den Mitfahrern im Autobus oder sonstwo in der Umgebung zu erregen begann. Das Deutsche wurde so eine Art Krypta-Idiom, eine Untergrundsprache.

Nach Ausbruch des Zweiten Weltkrieges änderte sich die Situation insofern, als die britische Mandatsverwaltung ein kriegsbedingtes Interesse an der deutschsprachigen Presse zeigte, um die jüdischen Einwanderer, die nun keine Zeitungen in deutscher Sprache mehr aus der Schweiz und Frankreich beziehen konnten, dem Einfluß der Propaganda der deutschen Radiosender zu entziehen. Das kleine Nachrichtenblatt in deutscher Sprache, das bislang nur vervielfältigt erschien, wurde nun zu einer gedruckten Tageszeitung ausgebaut. Während die Zentralbehörden in London eine solche Notwendigkeit bereits erkannt hatten, zeigten die Beamten der Mandatsregierung in Jerusalem zuweilen völlige Verständnislosigkeit. Ich hatte als Korrespondent dieser deutschsprachigen Zeitung in Jerusalem

mit einem leitenden Beamten des PIO (Public Information Office) zu verhandeln, stellte den Antrag auf eine Papierzuteilung für eine Auflage von 20 000 Exemplaren.
Der Beamte war verwundert, erklärte mir, daß die arabische Bevölkerung ihre arabische Presse habe, die jüdische Bevölkerung ihre hebräische, und für die Engländer erschiene die Tageszeitung »Palestine Post«. Es gäbe nun allerdings dreihundert deutsche Kreigsgefangene, vor allem aus den Kolonien der württembergischen Templer, aber für einen so kleinen Leserkreis sei die vorgeschlagene Auflage von 20 000 doch völlig irreal.
Ich mußte diesem Parsifal im Walde der Presse erst verständlich machen, daß es einen großen Kreis deutsch sprechender Juden in Palästina gäbe, der die hebräische und englische Presse nicht zu lesen vermöge und auf Information in der Muttersprache angewiesen sei.

Erste Versuche mit Lesungen und Bühnenstücken

Das neue deutsche Buch war Mangelware; Bücher, die in den Verlagen der Emigration vor allem in Amsterdam und Stockholm erschienen, waren für die Verhältnisse in Palästina unerschwinglich teuer, und so blühten die Leihbibliotheken, vorwiegend in deutscher Sprache. Es bildeten sich literarische Zirkel, in welchen Autoren deutscher Zunge aus ihren unveröffentlichten (und damals nicht zu veröffentlichenden) Werken lasen. Hier ist vor allem »Der Kral« von Else Lasker-Schüler zu nennen. Die Dichterin schrieb die Einladung eigenhändig und trug sie (um das Porto zu sparen) von Haus zu Haus in die Wohnungen ihrer Freunde. Der verständnisvolle Direktor des Bezalel-Museums Narkiss stellte Räume zur Verfügung. Hier lasen Berühmte und Unbekannte, und im Rahmen des »Kral« fand auch Lasker-Schülers erste und einzige Lesung ihres surrealistischen Dramas »Ich und Ich« statt. (Erst 1979 fand dieses Stück absurden Theaters den Weg zur Bühne, und zwar in Wuppertal, der Heimatstadt der Dichterin.)

Auch deutsche Sprechbühnen wurden in Palästina gleichsam improvisiert. Einige deutsche und österreichische Schauspieler, wie Friedrich Lobe, Mario Kranz, Hermann Valentin (der Bruder der in Berlin einst berühmten Schauspielerin Rose Valetti), fanden sich mit Dilettanten zu Inszenierungen deutscher Stücke zusammen. Auch die Rezitatorin Ruth Klinger ist hier zu nennen.

Das gesprochene deutsche Wort wurde vielen, die dem hebräischen Theater nicht zu folgen vermochten, zum tiefen Erlebnis, sicher getragen von nostalgischen Gefühlen der Rückerinnerung an die »goldenen zwanziger Jahre« des deutschen Theaters.

Unvergeßlich ist mir der Fall eines jungen Menschen, der diese Blütezeit der deutschen Literatur der Jahre nach dem Ersten Weltkrieg nicht selbst erlebt hatte, sich aber im Schatten eines älteren Freundes so in diese ihm eigentlich unbekannte Welt zurückversetzte, daß er nur und ganz in ihr lebte, keinen Anschluß an das Hebräische fand (ganz ungewöhnlich für seine Generation) und schließlich auch das Land wieder verließ, als man nach Europa zurückkehren konnte.

Heinrich Heine hatte in seinen »Geständnissen« die Bibel das »portative Vaterland« der Juden genannt. Jetzt wurde im Judenland für manche die deutsche Literatur ihr transportables Vaterland. Sie transportierten die sorgsam gehüteten Bände deutscher Klassiker bis zu Rilke und Thomas Mann von Land zu Land, von Bleibe zu Bleibe. Sie folgten unbewußt einem jüdischen Erbe, indem sie die Heimat im Wort fanden, aber paradoxerweise war es das Wort aus der verfallenen Heimat in der Heimat ihres Volkes.

Nicht nur ein literarisches, auch ein geisteswissenschaftliches Leben entfaltete sich in deutscher Sprache. Prominente Professoren der Hebräischen Universität in Jerusalem wie Martin Buber, Hugo Bergmann, Ernst Simon hielten – natürlich außerhalb der Universität – Vorträge in deutscher Sprache. Den Rahmen hierfür boten die Organisation der Einwanderer aus Mitteleuropa, aber auch liberale Synagogengemeinden deutscher Juden wie »Emeth w'Emuna« des Rabbiners Dr. Kurt Wilhelm in Jerusalem. Hier hielt Buber in deutscher Sprache monatlich sein »Offenes Forum« ab, das zu dialogischem Denken anregen sollte. All dies ging in einem deutschen Sprachgetto vor sich, das offiziell (um nicht bekämpft werden zu müssen) nicht zur Kenntnis genommen wurde.

Literatur als »transportables Vaterland«

Nach dem Ende des Zweiten Weltkrieges änderte sich die Situation grundlegend. Deutschland war nun nicht mehr ein »fernes Land, unnahbar euren Schritten«. Zögernd, langsam, viele innere und auch äußere Hemmnisse überwindend, wurden alte Verbindungen wieder aufgenommen und vor allem neue angeknüpft, und die Fäden woben wieder hin und her. Ich selbst hatte lange Zeit nicht die Kraft, in das Land meiner Herkunft, insonderheit in meine Geburtsstadt München, auch nur zu kurzem Besuch zurückzukehren. In einem Gedicht aus dem Jahre 1945 hatte ich dieses Erlebnis vorweggenommen:

Wenn wir die Heimat erreichten
Wäre es die Heimat nicht mehr.
Ach, die Jahre bleichten
Unser Haar schon zu sehr.

Wenn wir die Heimat erreichten
Erreichte die Heimat uns nicht.
All ihre Winde, die leichten
Spielen nur durch mein Gedicht.

Wenn wir die Heimat erreichten
Säh sie vor Scham uns nicht an.
All ihre Steine beichten
Was sie uns angetan.

Wenn wir die Heimat erreichten
Wär es die Heimat nicht mehr.
Ach, die Jahre bleichten
Unser Haar schon zu sehr.

In diesen Versen ist es ausgedrückt, daß die gefallene Heimat nur noch im Gedicht, nur noch im Wort lebte. Das Gedicht erschien 1960 in einer Anthologie »An den Wind geschrieben«. Ich notierte in mein Exemplar: »Was wir einstens an den Wind geschrieben/Sie nun ist es doch im Buch verblieben,/Was wir einstens in den Wind geweint/Habt ihr nun in diesem Band vereint./Hat der Haß der Alten uns vertrieben/Lehrt die Jugend wieder uns: zu lieben.«

Mit dem Wiederbetreten des verlorenen Landes der Jugend war auch die Wiederbegegnung mit der deutschen Sprache verbunden. Dabei zeigte sich die Muttersprache gründlich verändert. Selbst unsere Tochter Ariela (1958 in Jerusalem geboren) mußte noch 1963, also als kleines Kind, diese Erfahrung machen. Wir hatten sie während einer Deutschlandreise zu kurzem Aufenthalt bei Freunden in Hannover, die eine gleichaltrige Tochter hatten, untergebracht. Die Kinder konnten sich mühelos verständigen, aber der Mutter fiel es auf, daß das Kind aus Israel ein »altertümliches Deutsch« sprach, wie sie sich höflich ausdrückte. Sie meinte ein veraltetes Deutsch. Ich selbst kam zum ersten Male 1956 wieder nach Deutschland und spürte, wie sich die Sprache, die wir in Buch und Erinnerung bewahrt hatten, zu anderen Klängen und Strukturen hin verändert hatte. Sprache wächst wie eine Pflanze, ist gleichsam den Einflüssen des Klimas ausgesetzt. Noch wucherten im Deutschen die Nachklänge des »Jargons der Gewalt«, wie es Joachim Schwelien nannte.

Wandlungen der Sprache

Manche Wörter hatten ihre Unschuld verloren. Wer konnte noch von einem Führer sprechen, vom Vaterland, Volkstum? Eine Sache als völkisch zu bezeichnen, war ein Verstoß gegen den guten Geschmack. Es zeigte sich sogar, daß Wörter regional verschieden gebraucht wurden. In einem Vortrag an der Evangelischen Akadamie in Tutzing am Starnberger See konnte ich ungeniert von den »Funktionären der Synagoge« sprechen. Als ich dieselbe Formulierung bei einem Vortrag an der Evangelischen Akademie in Berlin am Wannsee gebrauchte, löste das das Unbehagen eines Hörers aus, der mich sehr scharf fragte: »Was verstehen Sie unter Funktionären?« – Funktionäre in Berlin, so erklärte man mir, waren nur die kommunistischen Funktionäre der DDR.

Ganz neue Wörter begegneten mir, so daß ich schließlich ein Vokabelheft anlegte, um mich dieser Neubildungen zu bedienen, denn Sprache bleibt nicht zuletzt auch Kommunikation. Was bestenfalls einmal an einer Straßenbahn vermerkt war, der »Einstieg«, wurde nun zum Beginn eines Vortrags oder Essays, wobei man sich tunlichst eines »Aufhängers« bedient, der in früheren Zeiten nur für Hut und Schirm bestimmt war. »Das nehme ich Ihnen nicht ab« konnte in der Diskussion geäußert werden. Früher sagte man das nur zu einem Hausierer. Die Frage war »unterschwellig vorgegeben«, ein Bild, das wohl der Kanalisation entnommen sein dürfte. Wollte mir ein Verleger sein Interesse für mein Manuskript bekunden, so teilte er mit: »Wir werden auf Sie zukommen«, eine Formulierung, die Erlkönig-Assoziationen bei mir auslöste. In Nebelschwaden sah ich den Verleger auf mich zukommen.

Von einem Problem sagte man: »Es steht im Raume«. Das letzte, was in meiner Erinnerung im Raume stand, waren die gepackten Koffer meiner Auswanderung. Und der Raum bedurfte nun einer »Raumpflegerin«, die ich noch als Putzfrau gekannt habe. – Zu solchen Neubildungen, die sich beliebig erweitern und ergänzen ließen, kamen die vielen Anglismen und Amerikanismen. Erleichternd wirkte dabei, daß sich ähnliche Fremdkörper auch in der hebräischen Umgangssprache Israels eingenistet haben, dort noch fremder wirkend als im Deutschen. Aber entsteht nicht die Perle aus der Verwundung der Muschel? Kann nicht auch aus der Verwundung der Sprache die Perle neuen Wortes entstehen?

Jedenfalls sah ich mich genötigt, die Sprachentwicklung als Gelegenheit zu akzeptieren. Ich wollte und will verständlich bleiben, glaube nicht, daß Stillstand ein produktiver Prozeß sein könne. Sprache ist Fluß, wir sprechen sie fließend (oder stokkend). Ich wollte im Fluß der Sprache mitschwimmen, im eigenen Stil, aber dennoch im Rhythmus der Welle. Es gelang mir. Ich blieb verständlich. Meine Rufe sind nicht verhallt. Ich durfte das Echo der Jugend hören; ich, der ich so lange nur zu den Alten sprechen konnte.

Doch meine Freude wurde getrübt. Ein Freund und Kollege in Jerusalem griff mich heftig an. Er hatte in meinen Büchern, die seit Mitte der fünfziger Jahre wieder in Deutschland erschienen, »neudeutsche Elemente« aufgespürt. Dieses Vokabular, diese Terminologie, kämen mir nicht zu, entrüstete sich der Gralshüter. Wer 1935 die deutsche Sprachheimat verlassen habe, so argumentierte der Hüter des Gestern, verbleibe bei der Sprache Thomas Manns und der anderen Dichter der Emigration, verbleibe bei seinem eigenen Sprachgut, das er in Koffer und Bündel des Auswanderers, des Vertriebenen an die Küste der neuen Heimat gerettet hat.

Ich kann mich dieser Argumentation nicht anschließen, halte es mit Schiller, der in seinem Lied »An die Freunde« bekennt: »Lieben, Freunde, es gab schönre Zeiten /Als die unsern, das ist nicht zu streiten . . . / Doch es ist dahin, es ist verschwunden / Dieses hochbegünstigte Geschlecht –/ Wir, wir leben! Unser sind die Stunden, / Und der Lebende hat recht.«

Ich habe noch zu dem hochbegünstigten Geschlecht gehört, das die Sprache der Welt von gestern meisterte, aber nur noch als ein Spätling, der im Sprachexil bewahrte, was unverweslich ihm ins Herz gesät war. Jetzt aber mußten neue Pflanzungen hinzukommen, mußte das Land der Sprache frisch bestellt werden.

Abenteuer mit der Sprache

Salcia Landmann sprach im Zusammenhang mit dem Jiddischen vom »Abenteuer einer Sprache«. Ich erlebte mit der eigenen Muttersprache solche Abenteuer.

Max Brod hat in seinem heute wohl fast vergessenen Roman »Die Frau, die nicht enttäuscht« im Schicksalsjahr 1934 die Gestalt eines jüdischen Schriftstellers deutscher Sprache, Justus Spira, gezeichnet. Betroffen liest er ein antisemitisches Gedicht »Die Juden«: »Da sitzen sie vereint beisammen / Und kochen neuen Schmus zusammen. /Der Löwi macht in Ölsardinen. / Der Ruben macht in Konfektion. / Der Grünberg macht in Fleischmaschinen. / In Mädchenhandel macht der Kohn. / Der Rosenzweig macht in Getreide. / Der Löwenthal macht in Justiz. / Der Moses macht in Augenweide / Teils Nacktballetts, teils Ringelpiez.«

Nicht die vulgäre Bösartigkeit bedrückt den Schriftsteller, sondern das Wort »Ringelpiez«, denn dieses eine Wort des Pamphlets verstand er nicht: »Das eine unverständliche Wort schuf eine gewisse Distanz zwischen ihm und dem scheußlichen Angriff...« Dunkel wird ihm aber bewußt, daß er die Sprache des Volkes eben doch nicht ganz versteht, daß er also in ihr, der Heimat seiner Seele, ein Fremdling geblieben ist. So wird das derbe Tanzvergnügen – das ist »Ringelpiez mit Anfassen« – für den jüdischen Intellektuellen ein Gerichtswort: er gehört nicht dazu, ist ausgeschlossen aus dem lustigen Reigen des »Ringelpiez«.

Wenn mir jetzt die Ringelpieze oft scharenweise entgegenhüpften, konnte ich sie gelassener passieren lassen.

Es waren Jahre um Jahre vergangen, neue Jahresringe hatte der Baum der Sprache angesetzt. Die alten Wunden und Schroffen waren vernarbt, neues Grün setzte an und wollte gesehen und genutzt werden. Ein Prozeß der Sprachversöhnung setzte ein, an dem ich teilhaben wollte.

Der Prozeß der »Sprachversöhnung«

Wieder hat sich eine Seite im Buch der Sprache gewendet. Die Verfemte ist jetzt die Gesuchte. Es gibt einen Lehrstuhl für deutsche Sprache und Literatur an der Hebräischen Universität, sogar mit jungen Lehrkräften. Söhne und Töchter von Eltern, die es einst kaum gewagt hatten, in ihrer Muttersprache mit den Kindern zu reden, erlernen jetzt diese Sprache in Israel, oft nur als Hilfssprache für wissenschaftliche Disziplinen, aber auch schon als Sprache der Dichtung und des Geistes. Vorlesungen über deutsche Literatur werden angeboten – zum Teil in deutscher Sprache – und finden aufmerksame Hörer. Zu den Kindern und Enkeln der »Jekkes« (so nennt man spöttisch, aber allmählich mit gutmütigem Spott die deutschen Juden in Israel) gesellen sich »Sabres«, im Lande geborene Israelis aus ganz anderen Landsmannschaften. Ich kenne einen Studenten aus einer ägyptisch-jüdischen Familie, der mit heißem Bemühen in deutsche Sprache und Geschichte eindringt. Ein Goethe-Institut in Tel-Aviv und neuerdings auch in anderen Teilen des Landes Israel vermittelt die Sprache, die so lange verpönt war.

Wir, die wir dieser Sprache die Treue hielten, sehen uns belohnt. Was nur noch wie ein Abgesang geklungen hat, ist wieder sprechende und ansprechende Gegenwart geworden. War die Sprachheimat für uns wie das versunkene Atlantis, so gleicht sie jetzt dem Gipfel des Ararat. Die Wasser der Sintflut haben sich verlaufen und aus ihnen ist die Sprache als der gerettete Gipfel der Heimat neu aufgetaucht.

Albert Camus hat einmal gesagt, das Französische – nicht Frankreich – sei seine Heimat. Nicht anders geht es mir: das Deutsche *blieb* meine Heimat, obwohl mir Israel Heimat geworden ist. Heimat im Wort – ist das nicht Rückkehr und Heimkehr in den Urzustand der Welt, denn »Im Anfang war das Wort«. Wer so die Heimat im Wort gefunden hat, wird aber oft in der Tat begrenzt, auch sein Wirken findet im Wort seine Grenze, wie es Alfred Momberg – auch er ein Vertriebener – in der Selbstbescheidung des Dichters aussprach: »Liebesgeflüster und Heldensage, / Alles, was ich in den Welten wage, / Ist nur das Wort . . .«

Im Exil wird die Muttersprache zum Schutzwall

Was ist ein Jekke? Die Antwort auf diese Frage dürfte sich inzwischen zumindest in der Bundesrepublik Deutschland herumgesprochen haben: Ein Jekke ist ein Jude aus Deutschland. Es handelt sich um einen Spitznamen, dessen etymologische Herkunft ganz ungeklärt ist. Manche wollen das Wort von der Jacke ableiten, die die deutschen Juden im Gegensatz zu den osteuropäischen trugen, die sich in lange traditionelle Kaftane kleiden. Andere wieder sehen in diesem unübersetzbaren Wort die scherzhafte Abkürzung einer hebräischen Definition »Jehudi Kesche Havana«, ein Jude von schwerer Auffassungsgabe, also ein Begriffsstutziger.

Wie dem auch sei: das Wort hat sich abgeschliffen, seine Härte verloren, ist keine Beleidigung, sondern eher eine, wenn auch halb spöttische, freundliche Bezeichnung. Diese Definition ist heute sogar »obergerichtlich beglaubigt«, denn ein Jekke, ein gewisser Dr. Ralf Hellinger, hatte im letzten Augenblick beim Obergericht in Jerusalem einen Antrag gegen die Ausstrahlung eines Films von Netanel Gutmann unter diesem Titel eingereicht. Er sah in der Bezeichnung der deutschen Landsmannschaft in Israel als Jekkes eine Beleidigung der Gruppe, der er entstammt.

Das oberrichterliche Kollegium aber, in welchem zwei Richter saßen, die ihrerseits aus Deutschland stammen, wies die Klage ab. Oberrichter Chaim Cohn bemerkte ausdrücklich, daß er diesen Namen »Jekke« als einen Ehrentitel ansehe; ja, es sei ihm lieber, so bezeichnet zu werden, als in der sicher korrekten, aber gewissermaßen lieblosen Weise »deutscher Jude«.

So wurde also, versehen mit dem Segen der höchsten Justizbehörde des Landes, der Film in Israel gezeigt. Schon Monate vorher hatte man ihn im deutschen Fernsehen begutachten können.

Hier soll keine Kritik eines Fernsehfilms gegeben werden, der seinem Wesen nach kontrovers wirken mußte. Manche meinten, es sei zu wenig Positives gezeigt worden, der Anteil der deutschen Juden am Aufbau Israels, vor allem in der vorstaatlichen Zeit, aber auch in den Gründerjahren des Judenstaates, sei zu kurz gekommen. Die Rolle dieser Landsmannschaft in der Entwicklung der Kultur und der Wirtschaft habe nicht die objektive Darstellung erfahren, die man sich gewünscht hätte. Ich will diese Fragen offen lassen und will auch nicht über die ästhetischen, filmischen Probleme dieser sicher beachtlichen Leistung Urteile fällen. Hier geht es nur um den Sprachzusammenhang, der unüberhörbar, unübersehbar auf der Mattscheibe aufklang und aufleuchtete. Was hat diese Sprache geformt, was hat sie bewahrt, was hat sie getragen und was ließ sie auch scheitern? Wer so verwachsen blieb mit der Sprache seiner Herkunft, mit der Muttersprache, der mütterlichen Sprache, wie es die Jekkes waren und sind, der verfügt zwar über einen unveräußerbaren Besitz, lebt aber zugleich – oder gerade dadurch – hinter einer Art Schutzwall, der zur trennenden Mauer wird.

Da sie so sehr mit der Sprache ihrer Herkunft verwachsen waren, wuchs diesen Menschen die Sprache ihrer neuen Heimat nicht in der Fraglosigkeit zu, die sich jenen auftat, die aus anderen Sprachlandschaften kamen, die Mehrsprachigkeit schon von Kindesbeinen an als das Vorgegebene erlebt hatten.

Das gilt für die Juden aus Osteuropa, die zu Hause jiddisch und in ihrer Umwelt polnisch oder russisch, rumänisch oder ungarisch sprachen. Das gilt auch für jene assimilierten tschechischen Juden, die Deutsch und Tschechisch meisterten. Das gilt ebenso für die Massen der orientalischen Juden, die im inneren Kreise judeo-arabisch, auf der Straße aber das Arabisch ihrer Umwelt redeten, und das gilt schließlich für die sephardischen Juden, die im Idiom des Ladino das Altkastilische bewahrten und zugleich die Sprachen ihrer Umwelt aufnahmen. Ladino ist sozusagen das Jiddisch der Juden, die 1492 aus Spanien, 1493 aus Portugal vertrieben wurden und in Holland und Deutschland, vor allem aber in den Ländern der Levante, und in Ägypten und Syrien Zuflucht fanden.

Wer den Doppelklang zweier Sprachen frühzeitig im Ohr bewahrte, der konnte sich leichter einer neuen Sprache zuwenden, die uralt war, dem Hebräischen. Hinzu kommt, daß die Juden im Osten Europas und die sephardischen Juden durch traditionelle Erziehung das Hebräische passiv meisterten, zumindest die Männer. Hebräisch war eine Vätersprache. Bei den deutschen Juden aber war es nur noch ein ganz geringer Teil, der aus der Orthodoxie stammte, dem dieses Überlieferungsgut wesenhaft zu eigen blieb.
Unter dem Einfluß des Zionismus begannen deutsche Juden in den zwanziger Jahren unseres Jahrhunderts, manche auch schon vor oder während des Ersten Weltkrieges, sich der hebräischen Sprache wieder zuzuwenden, und dennoch blieb auch für diese »postassimilatorischen Juden« die deutsche Sprache Medium und Ausdruck ihres Lebensgefühls.
Die von Martin Buber herausgegebene Zeitschrift »Der Jude«, die jetzt in einem Neudruck vorliegt, zeigt eine Höhe des Sprachbewußtseins, der sprachlichen Verantwortung, die weit über das Mittel der Verständigung hinausgeht.
In dem gezeigten Filmstreifen war es ein alter Tel-Aviver Arzt, der Chirurg Professor Markus, der ganz eingetan in die Welt deutscher Dichtung den schicksalhaften Zusammenhang zwischen Deutschen und Juden in den Versen Stefan Georges aus dem »Stern des Bundes« beschwor: »Ihr äußerste von wind umsauster klippe / Und schneeiger brachte! Ihr von glühender wüste / Stammort des gott-gespenstes.. gleich entfernte / Von heitrem meer und binnen wo sich leben / Zu ende lebt in welt von gott und bild../ Blond oder schwarz demselben schoss entsprungne / Verkannte brüder suchend euch und hassend / Ihr immer schweifend und drum nie erfüllt!«
George hat diese Verse 1914 geschrieben, als die meisten Juden in Deutschland und Österreich sich ganz dem Taumel einer Begeisterung für Krieg und Sieg verschrieben und dieser Hochstimmung Ausdruck gaben, der bei den jüdischen Dichtern deutscher Zunge zu Buche schlug. Auch junge Zionisten, wie der österreichische jüdische Dichter Hugo Zuckermann (1881

bis 1915), der im Ersten Weltkrieg gefallen ist, kann in diesem Zusammenhang als Beispiel angeführt werden. In den ersten Monaten des Krieges (1914) dichtet er sein berühmtes österreichisches Reiterlied, das mit den Zeilen endet: »Drüben im Abendrot / Fliegen zwei Krähen- / Wann kommt der Schnitter Tod, / Um uns zu mähen? / Es ist nicht schad'! / Seh' ich nur unsere Fahnen wehen / Auf Belgerad.«

Derselbe Autor schrieb im gleichen Jahr sein Gedicht »Die neuen Makkabäer«: »Heute darf ich den Genossen / Makkabäerlieder sagen, / Weil ich selbst ein Schwert getragen / Und mein rotes Blut vergossen.« – Er bricht abschließend in den Ruf aus: »Macht den Tempel wieder rein, / Laßt uns Makkabäer sein.« Da verschmelzen sie in eins, der österreichische Kavallerie-Offizier und der neue Makkabäer – im deutschen Lied, im deutschen Vers. Das ist eine Symbiose, einmalig und unwiederbringlich, gewachsen aus der Sprache, die »die Zusammengehörigkeit des Unvereinbaren« (Max Brod) bewältigt.

Professor Markus erwähnte endlich, daß es gerade die Juden waren, die deutsche Dichtung am tiefsten rezipierten und führte dafür jenes launige Gedicht an, das Theodor Fontane zu seinem eigenen 75. Geburtstag unter dem Titel »Prähistorischer Adel« verfaßte. In diesem Geburtstagsrückblick schreibt der Dichter, daß Hunderte von Briefen zu seinem Ehrentag eintrafen und ihn vor Freude benommen machten, nur die Namen der Gratulanten und ihre Wohnorte setzten ihn in Verwunderung. Er, der märkische Dichter, hatte angenommen, daß die Repräsentanten des preußischen Adels, die »Jagow und Lochow, die Stechow und Bredow, die Quitzow und Rochow, Schwerin und Zieten« sich aus ihren Erbsitzen aus Uckermark, Havelland, Barnim einfinden würden, aber statt dessen meldeten sich »Abram, Isack, Israel«, ganze Bataillone von Meyers, Pollacks und andere von fast prähistorischem Adel.

Da erkennt der Dichter, wer seine Leute sind: »Jedem bin ich was gewesen, / Alle haben sie mich gelesen, / Alle kannten mich lange schon, / Und das ist die Hauptsache . . ./ »Kommen Sie, Cohn!«

Als Sprachschöpfer und als Aufnehmende waren die deutschen Juden Träger der Sprache eines Volkes, das ihnen immer wieder das Heimatrecht versagte. Auch den Schmerz über die abgewiesene Liebe gossen sie in den Kelch dieser Sprache: »Immer wieder wenn wir uns vergaßen, / Selig singend mit den andern saßen, / Fiel in unsern Wein ein Tropfen Lauge, / Traf uns böser Blick aus kaltem Auge. / Immer wieder wenn wir gläubig trauten, / Hart am Abgrund unsere Hütten bauten, /Wankt uralter Fels, zerbrach der First: / Merke, daß du nirgends heimisch wirst. / Immer wieder !« – Diese Zeilen schrieb Karl Wolfskehl, der Jünger und Freund Georges im Schicksalsjahr 1934. Er war damals 65 Jahre alt, blickte schon mit verdunkelten Augen aus dem florentinischen Exil auf die verstörte Heimat.
Im selben Jahre schrieb ich, 21jährig, in der Stimmung des Aufbruchs in das Land meiner Herkunft, das das Land meiner Zukunft werden sollte – das Land Israel – ein Gedicht: »Muttersprache: mütterliche Sprache«, das dem Hebräischen gewidmet war. Es schloß mit dem Bekenntnis: »Muttersprache, die ich leben will –/ Wo du anhebst, endet das Exil!«
Das war Bekenntnis und Programm, aber die erlebte Wirklichkeit gab den Worten noch andere Deutung. Die nie erlernte, die in uns gewachsene Sprache hob das Exil auf, ließ uns immer wieder in eine Heimat münden, die unverweslich bleibt, so lange unser Atem sie trägt.

Fremd im eigenen Land?

Die Lage der Juden in der Bundesrepublik, gesehen von einem Israeli

Im Sommer 1980 stand monatelang auf der Bestsellerliste der Sachbücher die Autobiographie einer jungen Jüdin: Lea Fleischmann, Dies ist nicht mein Land.
Es handelt sich um den sehr individuellen und eigenwilligen Bericht einer deutschen Lehrerin, die als Tochter jüdischer D. P.s, Überlebender des Holocaust, im Auffanglager Föhrenwald, nahe Wolfratshausen bei München, nach dem Zweiten Weltkriege geboren wurde.
Sie beginnt aber ihre Autobiographie sozusagen in der Präexistenz, in den Gaszellen der Endlösung, in welchen ihre Großeltern umgekommen sind.
Die Erzählungen von diesem furchtbaren Schicksal haben sich als unausrottbares Trauma in die Seele des jüdischen Kindes eingegraben, haben die frühen Jahre überschattet und einen Wall der Fremdheit zwischen Lea und ihrer deutschen Umwelt errichtet.
Das kleine Mädchen geht in einen deutschen Kindergarten und singt mit den anderen Kindern:

Dornröschen war ein schönes Kind ...

Die Mutter zu Hause hat keine Ahnung, wer Dornröschen war. Der Vater hat keinen Beruf. Die Mutter keinen amtlich verbürgten Vornamen.
Das Lager Föhrenwald ist eine Welt für sich. Die Flüchtlinge aus dem Getto leben wieder in einem Getto.
Die Umwelt wird von den Eltern als feindlich, von den Kindern als fremd empfunden. Sie leben ein Doppelleben: in Schule und Elternhaus. Muß das nicht zur Zerrissenheit, zu einer kollektiven Schizophrenie führen?
Anzeichen dafür sind da. Lea Fleischmann versucht den Weg in ihre deutsche Umgebung. Sie absolviert ein deutsches Gymnasium, studiert Pädagogik und will eine deutsche Studienrätin

werden. Es gelingt ihr, aber doch nur äußerlich. Alles bleibt ihr im letzten fremd.
Nach einer vorübergehenden Tätigkeit als Erzieherin jüdischer Jugendgruppen in Frankfurt am Main beginnt sie den regulären Schuldienst.
Auch die Tätigkeit als Erzieherin jüdischer Jugend ist problematisch, denn ihr Judentum ist ihr fraglich geworden.
Nichts verbindet sie mehr mit Glaubensinhalten, Gesetzen und Bräuchen des Judentums, und die dogmatische Ausrichtung auf Israel erscheint ihr als Lebenslüge bei Menschen, die sich eigentlich auf ihren Verbleib im Lande des Wirtschaftswunders eingerichtet haben.
Sie wählt also, halb bewußt, halb dem Sog der Zeit folgend, den Weg der Assimilation an ihre Umwelt.
Aber es gelingt ihr nicht. Immer wieder werden die Formen und Verhaltungsweisen dieser Umwelt für sie problematisch; werden transparent und die Verhältnisse des Dritten Reiches, der Verfolgung und Vernichtung, schlagen durch die Fassade von Demokratie und Freiheit.
Der deutsche Perfektionismus, Formalismus wird transparent, so daß die Fehlhaltungen von »Befehlsnotstand« und skrupellosem Massenmord sichtbar werden.
Diskriminierung von Zigeunern und Gastarbeitern lassen die Konturen des einstigen Rassenwahns wiedererkennen. Blinder Gehorsam, Autoritätsgläubigkeit, Beziehungslosigkeit der Deutschen untereinander führen zu einer immer weiter um sich greifenden Verfremdung dieser jungen Frau.
Sie meint sogar in den sexuellen Verhaltensweisen der Männer typische Unterschiede zu erkennen, was sicher zu kollektiven Fehlurteilen aus individuellen Erfahrungen führt.
Sie vermutet, die deutschen Männer seien brutal, von sexuellem Leistungszwang bedrängt; die jüdischen Männer seien zärtlicher, rücksichtsvoller . . .
Der öde Formalismus des Schulbetriebs bricht Leas letzte Sicherheit. Sie gibt alles auf und geht schließlich nach Israel, obwohl sie weder Zionistin noch religiöse Jüdin ist.

Mit einiger Besorgnis muß man auf ihre Zukunft in Israel blicken.
Viele Verhaltungsweisen, die sie für typisch deutsch hält, werden ihr auch in Israel begegnen. Das technologisch-elektronische Zeitalter hat zur Entpersönlichung des Menschen geführt ... in allen zivilisierten Gesellschaften. Formalismus und damit immer ein Stück Herzenstod ist nicht auf die Bundesrepublik Deutschland allein beschränkt.
Ein israelischer Autor Dan Ben-Amoz hat vor einigen Jahren seinen ersten Besuch in Deutschland beschrieben und schildert die Szene in einem Eisenbahnabteil, in welchem ihm besonders lärmende und vulgäre Passagiere unangenehm auffallen. Das sind nun die typischen Deutschen, meint er, die »Gojim«, wahrscheinlich ehemalige Nazis. Beim Näherkommen bemerkt er aber, daß diese unsympathischen Mitreisenden ... hebräisch gröhlen. Es waren Landsleute, Israelis, die sich einen guten Tag im Ausland machten.
Das Buch von Lea Fleischmann brachte mir eine Jugendgruppe der katholischen Akademie Trier mit nach Jerusalem, wobei die Jugendleiterin meinte, daß dieser Bericht eine Stellungnahme von Israel her erforderte.
Wenige Tage danach überreichte mir der Leiter der »Aktion Sühnezeichen« in Jerusalem, einer Gruppe deutscher Freiwilliger, die Hilfsdienste in Israel leisten, eine weitere Dokumentation, in der auch Lea Fleischmann vertreten ist: »Fremd im eigenen Land. Juden in der Bundesrepublik.« Herausgegeben von Henryk M. Broder und Michael R. Lang. Diese umfangreiche Sammlung umfaßt eine große Reihe von Autobiographien von Juden im heutigen Deutschland, Rückwanderer, Einwanderer und im Lande geborene jüngere Menschen der Nachkriegsgeneration.
Gemeinsam ist dieser Auswahl ein Negativum. Die Wortführer der Juden in Deutschland, Mitglieder des Zentralrates, Rabbiner und Gemeindeführer sind nicht vertreten. Man hat sehr oft das Gefühl, daß es »Juden am Rande« sind, wie dies einmal Joachim Prinz nannte, die hier zu Worte kommen. Aber viel-

leicht ist gerade diese Randhaftigkeit etwas Prototypisches. Jüdische Existenz in Deutschland stellt eine Randposition dar, in zweifacher Hinsicht.

Jüdische Existenz in der Diaspora ist immer Randposition und schon vor Jahrzehnten machte ein scharfsinniger Beobachter, Jakob Klatzkin, darauf aufmerksam, daß sich um jeden Juden in der Galuth, in der Diaspora eine »Randspannungszone« bildet.

Der Jude in Deutschland aber steht auch am Rande des Judentums.

Jahrelang weigerten sich jüdische Weltorganisationen, Vertreter des Judentums aus der Bundesrepublik als gleichberechtigte Delegierte etwa auf zionistischen Kongressen zuzulassen. Das hat sich heute geändert. Die jüdische Loyalität der Juden aus der Bundesrepublik wird nicht mehr in Frage gestellt, und damit ist auch ihre Legitimität verbürgt.

Die Sprache der Tatsachen war stärker als die Ideologie.

Ich erinnere mich deutlich daran, wie man das historische Beispiel von 1492, die Vertreibung der Juden aus Spanien, als paradigmatischen Modellfall heranzog. Ein Bannfluch, so behauptete man, habe Juden jahrhundertelang daran gehindert Spanien wieder zu betreten ... Und nach Deutschland, in welchem die Nazis ärger als die Inquisition gewütet haben, sollten sie wieder zurückkehren?

Das durfte nicht sein. Aber die Schwerkraft der Fakten hat ein größeres spezifisches Gewicht als die Ideen. (Übrigens hat es einen solchen Bannfluch nie gegeben – und inzwischen erfreut sich auch Spanien wieder neuerdings einer nicht unwesentlichen jüdischen Gemeinde).

Lange hat man sodann die Frage erörtert: Gibt es heute wieder ein deutsches Judentum oder gibt es nur Juden in Deutschland?

Die offizielle Formulierung neigte zu letzterem: Zentralrat der Juden in Deutschland.

Sieht man sich die Zusammensetzung der kleinen jüdischen Gemeinschaft von etwa 30 000 Seelen in der Bundesrepublik an, so wird man dieser amtlichen, selbstgewählten Formulierung zunächst zustimmen. Und doch ergibt sich bereits heute ein keineswegs einheitliches Bild. Die Spannweite reicht von Menschen, die sich ganz in ihr Judentum einkapseln, sich untereinander vorwiegend der jiddischen Sprache bedienen, bis zu führenden Persönlichkeiten in Literatur und Publizistik, Theater und Kunst, ja sogar im politischen Leben. Man denke nur an den verewigten Justizminister von Nordrhein-Westfalen, Dr. Josef Neuberger, der vormals Anwalt in Israel war, oder an den ehemaligen regierenden Bürgermeister von Hamburg, Herbert Weichmann, der auch zeitweilig Präsident des Bundesrates war und als solcher die Bundesrepublik beim Staatsbegräbnis des israelischen Präsidenten Ben-Zvi vertrat. Besonders bemerkenswert erschien mir, daß der Pressesprecher einer Partei, die das Prädikat christlich im Namen führt, ein Jude ist.

Die Bandbreite reicht also offenbar von Juden in Deutschland bis zu jüdischen Deutschen, während in der Zeit vor 1933, als es noch etwas über eine halbe Million Juden im Deutschen Reich gab, der Typus des deutschen Juden vorrangig war.

Die erwähnte Sammlung von jüdischen Selbstzeugnissen aus der Bundesrepublik wurde von Henryk Broder zusammen mit Michael R. Lang herausgegeben. Broder firmiert auch als Mitherausgeber einer offenbar oppositionellen Zeitschrift »Freie Jüdische Stimme«, die sich bewußt gegen das jüdische Establishment in der Bundesrepublik wendet, ihm eine Apisement-Politik vorwirft und einen jüdischen Radikalismus vertritt, der aber keineswegs spezifische Inhalte religiöser oder zionistischer Bindung aufweist.

Die Tatsache allerdings, daß es eine solche Opposition gibt, die erkennbar wird, wenn man dieses eigenwillig-avantgardistische Presseorgan mit der »Allgemeinen Jüdischen Wochenzeitung« vergleicht, dem offiziellen Sprachrohr des Judentums in Deutschland, das sich einer ausgewogenen Politik und eines hohen kulturellen Niveaus befleißigt, erweist die Lebendigkeit der jüdischen Gemeinschaft in Deutschland, die um Gestalt und Haltung ringt.

Das Hauptproblem scheint mir heute die Generationenfrage zu

sein. In der älteren Generation sind zwei Gruppen deutlich erkennbar: Die sich auf natürlichem Wege immer mehr verringernde Zahl jener deutschen Juden, die aus den Ländern der Diaspora, aber auch aus Israel wieder in ihre alte Heimat zurückgekehrt sind. Eine gewisse Neigung, bedeutende jüdische Zeitgenossen als deutsche Juden zu vereinnahmen, kommt diesem Trend entgegen. So ist vor einiger Zeit eine Biographie Martin Bubers von Gerhard Wehr in Deutschland erschienen, in der Buber sicher nicht ganz zutreffend als »deutscher Jude« bezeichnet wird, und Nachum Goldmann hat nun eine Autobiographie veröffentlicht, in der er sich selbst als deutscher Jude bezeichnet, was ebenfalls nur sehr bedingt den Tatsachen entspricht.

Die zweite Gruppe setzt sich vorwiegend aus osteuropäischen Juden zusammen, die als Strandgut der Katastrophe in Deutschland hängen blieben. Zu ihnen gesellen sich nun legale und illegale Einwanderer aus der Sowjetunion, die aber nur sehr teilweise den Weg in die Gemeinden finden. In Hamburg fiel mir auch eine Gruppe persischer Juden auf, die bereits so zahlreich wurde, daß sie den Ritus der Hamburger Synagoge mit bestimmt. Sowohl die Juden aus Osteuropa, wie die wenigen aus Deutschland stammenden Juden, versuchen im Leben der Gemeinde, vor allem in der Synagoge, eine vergangene Identität zu bewahren.

So konnte ich in Berlin feststellen, daß dort in der einzigen liberalen Synagoge im heutigen Deutschland alle Formen des liberalen Gottesdienstes einer entschwundenen Epoche bürgerlicher Emanzipation und Assimilation, von der Orgel bis zum gemischten Chor mit christlichen Sängerinnen und dem Talar des Rabbiners und Kantors, bewahrt wurden, während ich etwa in München und Regensburg mich in die chassidische Atmosphäre von Mea-Schearim in Jerusalem versetzt fühlte.

In beiden extremen Fällen konnte ich mich des Eindrucks nicht erwehren, daß eine folkloristische Nostalgie vorrangig zum Tragen kommt. Man spielt sich gegenseitig eine Welt von gestern vor, die es in der Wirklichkeit des gelebten Tages nicht mehr gibt.

Das Hauptproblem aber bildet wohl eine jüdische Jugend, die in Deutschland geboren ist, deutsche Schulen und Hochschulen besucht, und dennoch kein Bewußtsein der Zugehörigkeit, der fraglosen Zugehörigkeit zur eigenen Generation finden kann.
Die Frage der jüdischen Identität, die heute in Amerika so freimütig diskutiert wird, erfährt in der Bundesrepublik Deutschland eine ungeahnte Verschärfung. Der junge Jude in diesem Lande ist an vielen Orten in eine Isolation gestellt, die zur Zerreißprobe führt. Jugend sucht noch mehr als andere Lebensalter die Gemeinschaft, die Gemeinschaft von Gleichaltrigen. Sie ist heute und hier für den jungen Juden im eigenen Kreis nicht gegeben.
Es fiel mir bei meinen Synagogenbesuchen in Deutschland auf, daß sich die wenigen Jugendlichen (ich spreche jetzt nicht von Kindern) in Typus und Haltung von den älteren Generationen wesentlich unterschieden. Sie wirkten oft wie Gäste.
Ich weiß es wohl, daß die verantwortlichen Gremien des organisierten Judentums in Deutschland alles daran setzen, um diese zahlenmäßig sehr geringe Jugend (sie bildet etwa 10% der Gemeinschaft) beim Judentum zu halten.
Aber bei welchem Judentum? Kann die konservierte Vergangenheit der Synagoge noch genügend Attraktivität einer Jugend bieten, die so starken kulturellen Einflüssen der Umwelt ausgesetzt ist? Kann bei dem empfindlichen Mangel an geistiger Führung dieser Jugend das vielschichtige Erbe jüdischer Tradition in einer Form vermittelt werden, die ihrer Bewußtseinslage entspricht?
Das Judentum in Deutschland hat in letzter Zeit in dieser Richtung eine gewaltige Anstrengung unternommen durch die Errichtung der Hochschule für jüdische Studien in Heidelberg, die der dortigen Universität affiliert ist.
Wie man Presseberichten entnehmen kann, hält sich die Zahl der Studierenden vorerst in sehr engen Grenzen – und die Hälfte dieser Studierenden setzt sich aus christlichen Studenten zusammen.
Damit wird natürlich nicht das eigentliche Ziel dieser Hoch-

schule erreicht, die für den geistigen Führungsnachwuchs im Judentum des deutschsprachigen Raumes sorgen will.
Aber dieses merkwürdige Ergebnis der ersten Studienjahre beleuchtet die Situation im heutigen Deutschland, die mir aus eigener Erfahrung so überaus deutlich geworden ist.
Judentum ist heute »Mangelware« in der Bundesrepublik, gesuchte Mangelware, aber vorwiegend von Nichtjuden gesucht. Als Gastprofessor und Lehrbeauftragter an den Evangelisch-Theologischen Fakultäten in München und Tübingen konnte ich diese Erfahrung machen. Eine überaus aufgeschlossene deutsche akademische Jugend bemüht sich um ein Eindringen in die Welt des Judentums. Es sind noch nie so viele Bücher jüdischen Inhalts, von wissenschaftlicher Literatur bis zur Belletristik, in Deutschland erschienen wie heute.
Auf den internationalen Buchmessen in Jerusalem setzen die deutschen Verleger ihren Stolz darein, ihre Judaica-Produktion vorzulegen. Die Ernte ist überwältigend. Und doch zeigt es sich, wie mir immer und immer wieder versichert wird, daß diese Bücher fast ausschließlich von christlichen Lesern konsumiert werden. Diese Erfahrung, die mir Sachkundige vermittelten, kann ich aus eigener Erfahrung ergänzen. Die lebendige Reaktion, die ich auf meine Bücher erlebe, die durchgängig jüdisch motiviert sind, kommt fast ausschließlich aus christlichen Kreisen.
Das Judentum in Deutschland hätte heute eine gleichsam missionarische Aufgabe. Missionarisch meine ich hier nicht im Sinne des Prosyletismus, obwohl ich Übertritten zum Judentum keineswegs grundsätzlich ablehnend gegenüberstehe, sondern in einem geistigen Sinne.
Wir zitieren gerne das Wort vom »Licht der Völker« aus dem Jesajabuch, aber gerade hier, wo dieses Licht leuchten könnte, ist es zu schwach.
Die Väter der Wissenschaft vom Judentum im 19. Jahrhundert träumten von jüdisch-theologischen Fakultäten an deutschen Universitäten. Dieser Traum hat sich nie erfüllt, aber heute, wo es nur noch dieses Restjudentum in Deutschland gibt, haben viele deutsche Universitäten, in theologischen und philo-

sophischen Fakultäten, der Wissenschaft des Judentums ihre Pforten geöffnet. Es gibt judaistische Lehrstühle, es gibt judaistische Institute und Vorlesungen, Seminare und Übungen auf judaistischem Gebiet. Die Hörer aber und sehr oft auch die Professoren und Dozenten sind keine Juden. Dadurch entsteht eine gewissermaßen sterile Situation, eine Judaistik, die sich eines hohen akademischen Niveaus erfreut, aber ohne existentielles Engagement bleibt.

Der christlich-jüdische Dialog, der erst heute ein echtes Anliegen nicht nur vieler fragender Menschen in Deutschland geworden ist, sondern auch ein deklariertes Ziel der beiden großen Kirchen in Deutschland, der katholischen und der evangelischen, leidet empfindlich unter dem Mangel an jüdischen Gesprächspartnern.

Die Zahl der Juden, die heute in Deutschland willens und in der Lage sind, dieses Gespräch zu führen, ist sehr gering. Einerseits haben wir gebildete und dialogfreudige Menschen in der jüdischen Gemeinde, die aber kaum über jüdisches Wissen verfügen, andererseits gibt es durchaus auch in Deutschland Juden, die tief eingebettet in das traditionelle Wissen sind, aber keine gemeinsame Sprache mit ihrer Umwelt finden können.

Für den Typus des heutigen Juden in Deutschland, der an Geist und Leben des Landes kreativ Anteil hat, wurde mir eine Sammlung autobiographischer Zeugnisse »Mein Judentum«, herausgegeben von Hans Jürgen Schultz, zum nachdenklich stimmenden Beispiel. Für die überwiegende Mehrheit der dort sich bekennenden jüdischen Autoren ist ihr Judentum nur Ausdruck der Zugehörigkeit zu einer Schicksalsgemeinschaft.

Die Dichterin Hilde Domin geht soweit, ihr Judentum mit einem Stein zu vergleichen, den sie am Fuße nachschleppen muß . . . Ein klares religiöses Bekenntnis zum Judentum legen in dieser Sammlung nur Professor Ernst Simon und ich selbst ab, also zwei Gäste aus Jerusalem.

Das ist so zufällig nicht. Für den Dialog bieten sich vorrangig jüdische Partner aus Israel und Amerika, den beiden Zentren jüdischen Lebens in unserer Zeit dar.

Für Christen (nicht nur in Deutschland) ist der Jude aus Israel klarer erkennbar als jeder Gast aus der Diaspora. Der Jude aus Israel ist kein Bindestrich-Jude, nicht amerikanisch-jüdisch, deutsch-jüdisch, sondern erscheint in ungebrochener, nicht synthetischer jüdischer Existenz, der Ur- und Nur-Jude also.
Das führt dazu, daß der christlich-jüdische Dialog sehr oft in einen israelisch-deutschen umfunktioniert wird, wobei sich die deutschen Gesprächspartner des prinzipiellen Unterschiedes zwischen Jude und Israeli kaum bewußt sind.
Wie oft erlebe ich es, daß man mir von Juden berichtet (Gutes oder weniger Gutes) und sie als meine »Landsleute« bezeichnet, obwohl sie keineswegs im Staate Israel ansässig sind. Auch das theologisch begonnene Gespräch führt fast zwangsweise immer wieder in die Bereiche der problematischen israelischen Politik aktueller Situationen.
Die Gesprächslage ist diesbezüglich umgekehrt wie in Amerika. Ein vorzüglicher Kenner der dortigen Szene, der evangelische Theologe Roy Eckard, schilderte, daß nach dem Jom Kippur Krieg 1973 der christlich-jüdische Dialog in den USA in eine schwere Krise geriet. Die christlichen Teilnehmer verwahrten sich dagegen, daß die Juden israelisch-politische Elemente einbrachten, während sie selbst sich auf den theologischen Bereich konzentrierten.
Die jüdischen Teilnehmer aber wiesen darauf hin, daß der Dialog unglaubwürdig wird, wenn das politische Element eliminiert bleibt, da im Judentum Glaube und Volkstum eine unlösbare Amalgamierung darstellen. Woher kommt diese Positionsverschiebung zwischen der Bundesrepublik und den USA? In den USA sehen sich dialogbereite Christen einer nach Millionen zählenden lebendigen jüdischen Gemeinschaft konfrontiert und wollen mit ihr das Gespräch führen.
In der Bundesrepublik aber empfindet man die wenigen Juden als Vorposten Israels; ohne eigenes spezifisches Gewicht, das als ausreichend empfunden würde.
Die loyale Haltung der Juden in der Bundesrepublik gegenüber dem Staat Israel muß fast zwangsläufig zu dieser Identifizie-

rung führen, die aber den Juden selbst wiederum vor das bekannte Problem der doppelten Loyalität stellt. Insbesondere wird dieses Problem verschärft, wenn auch Juden in der Diaspora sich nicht mit dem Kurs einer israelischen Regierung identifizieren können, die nicht immer ihren Vorstellungen von Demokratie und Liberalität entspricht.
Während es nun aber in der amerikanischen Diaspora durchaus die Möglichkeit zu offener Kritik an der Politik Israels gibt, ist es für die Juden in der Bundesrepublik außerordentlich schwierig, da sie sich eben ihrer bereits erwähnten doppelten Randhaftigkeit bewußt sind. So werden sie zu Mitträgern einer Verantwortung ohne ausreichenden Einfluß auf die Verhältnisse in Israel.
Sie erleben die Wirklichkeit des Wortes aus den Sprüchen der Väter: »Ganz Israel bürgt für einander« in intensivster Weise. Ein unausgesprochenes, aber oft sogar ausgesprochenes Grundgefühl der christlichen Umwelt verstärkt dieses Solidaritätsbewußtsein – oft bis ins Komische.
Dieses Grundgefühl besteht darin, daß Christen in Deutschland annehmen, daß jeder Jude jeden Juden kennt. Ein Bekanntenkreis von 14 Millionen stellt aber eine Überforderung des einzelnen dar.
Ich werde immer wieder an Orten, die ich zum ersten Male in meinem Leben besuche, nach meinen Vorträgen von Hörern gefragt, wie es dem oder jenem ehemaligen Nachbarn ergehe. Wenn ich nach bestem Wissen und Gewissen versichere, den Betreffenden nicht zu kennen, so löst das eine offensichtliche Enttäuschung aus und mit absoluter Regelmäßigkeit trifft mich der Einwand: Aber Herr Sowieso war doch auch ein Jude.
Diese stillschweigende Voraussetzung einer weltweiten Solidarität führt auch zu moralischen Belastungen, die ich mit Entschiedenheit zurückweise. Man gibt mir etwa (in sehr vorsichtigen Formulierungen) zu verstehen, daß es in dieser oder jener Stadt jüdische Mitbürger gäbe, die ein Gewerbe betrieben, das nicht als ein ehrenhaftes gilt. Vor allem scheinen hier Juden gemeint, die Besitzer von Nightclubs oder ähnlichen Etablissements sind.

Ich pflege dann zu versichern, daß ich derartige Unternehmungen nicht frequentiere und auch nicht (etwa als stiller Teilhaber) daran partizipiere.
Man nimmt mir das ab, aber dennoch bleibt ein Rest von Kollektivverantwortung zurück, den ich taktisch dadurch abwehre, indem ich klarstelle, daß die Damen, welche in solchem Gunstgewerbe tätig sind, meist einer der christlichen Kirchen angehören und diese dann wiederum belasten würden. Solche Beweisführung endet zwar meist in befreiendem Gelächter, aber der Ausgangspunkt war dennoch das Grundgefühl einer globalen jüdischen Solidarität.
Ich bin auch nicht bereit, eine Art moralischer Haftung für meine eigentlichen Landsleute, die Israelis im Auslande, zu übernehmen, zumal es nicht immer die besten Mitbürger sind, die von sich reden machen und Schlagzeilen in der Presse auslösen.
Im Drange der Normalisierung der Gründerjahre des politischen Zionismus meinte Vladimir Zeev Jabotinski, daß auch wir ein Recht auf Huren und Verbrecher haben. Wir sollten nicht die Musterknaben der Weltgeschichte sein.
Allerdings konnte Jabotinski nicht ahnen, daß wir von dem uns zugebilligten Recht so ausführlich Gebrauch machen würden.
Der Typus des Juden hat sich verändert. Im Guten wie im Schlechten. Wer hätte gedacht, daß Israel militärische Leistungen erzielen würde, die das Staunen der Welt auslösten? Aber wer hätte andererseits gedacht, daß es jüdische Gewaltverbrecher gibt – und daß die Juden in ihrem eigenen Staat wirtschaftlich Schiffbruch leiden würden. Sie waren die Financiers Europas und z. T. auch Amerikas und sind heute auf die finanzielle Unterstützung wirtschaftlich erfoglreicher Staaten wie die USA, aber auch die Bundesrepublik, angewiesen.
Ich habe schon vor einem Vierteljahrhundert auf den *Gestaltwandel* Israels hingewiesen.
Dieser Gestaltwandel geht weiter und nicht nur in positiver Hinsicht.
Mein Lehrer an der Universität München, der Germanist und

Theaterwissenschaftler Arthur Kutscher, meinte einmal im Kolleg: »Die Juden haben immer einige Gehirnwindungen mehr als die anderen.«
Hätte er das heutige Israel mit seinen Primitiven und Analphabeten erlebt, er hätte seine Meinung wohl revidieren müssen.
Wir selbst haben die jüdische Landkarte nicht gekannt, hatten vom osteuropäischen Judentum, insbesondere vom Chassidismus eine romantische Vorstellung, die von Buber, Perez, Scholem Alejchem und Mendele Mocher Spharim gespeist war. Wir haben aber ganz andere Chassidim erlebt, Mitbürger, die keineswegs Zeitgenossen sind und ihrer jüdischen Umwelt in Jerusalem und Benej-Berak eine Lebensform aufdrängen wollen, die ihr nicht adäquat ist.
Wer von uns hatte die Juden Marokkos gekannt? Die Juden aus Algier und Tunis, aus dem Irak und Iran? Die Jemeniten kannte man schon eher, sie bildeten bereits einen Teil des Jischuv, der jüdischen Bevölkerung im Lande Israel vor der Staatsgründung. Aber diese Jemeniten hatten sich schon an das damals moderne Palästina etwas assimiliert und waren nicht mit jenen Ankömmlingen der »Aktion Zauberteppich« aus den ersten Jahren des Staates Israel zu vergleichen. Diese Männer und Frauen, die auf Adlersflügeln der ihnen völlig unbekannten Flugzeuge ins Land kamen, flogen in wenigen Stunden aus Patriarchenzeiten in die Mitte des 20. Jahrhunderts.
Zwei Schlagworte, die zugleich Zielworte sind, beherrschten die ersten 25 Jahre des Staates Israel: Kibbuz Galujoth, die Sammlung der Verstreuten, und Misug Galujoth, die Verschmelzung der Verstreuten.
Beides ist relativ geglückt. Juden aus über 80 Herkunftsländern bilden die Staatsnation Israels – und in der jüngeren Generation ist auch eine Verschmelzung der so überaus verschiedenen Landsmannschaften gelungen.
Der älteren Generation konnte das nicht gelingen. Offen gestanden, müssen auch wir, die Älteren und schon Alten in Israel oft sagen: »Fremd im eigenen Land.«
Diese Tatsache aber erschwert es häufig gerade jungen Juden

aus Deutschland, sich mit der neuen Wirklichkeit Israels lebensmäßig voll zu identifizieren.
Wir sprechen nicht gerne von einer Kluft zwischen Israel und der Diaspora. Diese Kluft gehört zu den Tabus des innerjüdischen Gesprächs.
Frei von Amt und Auftrag wage ich es aber, auch dieses Tabu zu berühren.
Ein wacher Beobachter der amerikanisch-jüdischen Szene meinte einmal, daß die Generation unserer Väter noch jiddisch sprechende Eltern in Israel und den USA hatte. Wir, so meinte er, haben nur noch Großeltern, die eine gemeinsame Sprache redeten, für unsere Kinder aber gibt es auch das nicht mehr.
Nun aber begegnet uns in Israel der Typus des jungen Juden, dessen Eltern oder Großeltern noch Ladino sprechen, das Altkastilianisch der Juden vor der Vertreibung aus Spanien, oder das marokkanische jüdische Idiom, oder das tunesische, kurdische – Sprachen der Juden aus den so divergierenden Ländern der Zerstreuung.
Das Hebräische überbrückt zwar alle diese Gegensätze, aber es ist der älteren Generation nicht immer so vertraut, daß es vollwertiger Ersatz der Muttersprache sein könnte.
Für die Jugend fällt dieses Hemmnis weg. Ivrith, Hebräisch, ist nicht mehr Postulat, Ziel, sondern vorgegebene Wirklichkeit.
Inmitten dieser Zweischichtigkeit der Sprachstruktur Israels steht die immer kleiner werdende Gruppe deutscher Juden, die ihre »Sprache als Heimat« bewahrt haben. Sie befinden sich in einer Peripherie von Juden, für die das Deutsche eine Zweit- und Bildungssprache darstellt, also ältere Einwanderer aus Rumänien, Galizien, aber auch Ungarn und der Tschechoslowakei.
Die einzige deutschsprachige Tageszeitung in Israel, die »Israel-Nachrichten«, weisen diesen »Sprachverhalt« auf.
Generationenlang war das Deutsche die lingua franca des Judentums. So sind die Protokolle der Zionistenkongresse bis zum Ausbruch des Ersten Weltkrieges offiziell in deutscher Sprache gehalten.

Heute ist die verbindende Sprache zwischen Israel und der Diaspora, aber auch zwischen Israel und der Welt – das Englische. Es wurde zur offiziösen Zweitsprache des Landes.
Diese Situation muß gesehen werden, wenn man sich die Frage der sehr geringen Alija (Einwanderung) aus der Bundesrepublik Deutschland ansieht.
Vordergründige Hemmnisse sind sicher die bedrohte politisch-militärische Situation des Staates Israel, die lange Dienstzeit, auch für Mädchen, beim Militär und die schwere wirtschaftliche Situation, die von einer galoppierenden Inflation gekennzeichnet wird.
Tiefer aber liegt das Problem der Fremdheit, das sich gerade dem jungen Juden aus der Bundesrepublik stellt, der nun im Begriffe ist, jene Synthese zu vollziehen und zu leben, die früheren Generationen nicht gelungen ist. Gerschom Scholem wies darauf hin, daß die so oft nostalgisch beschworene Symbiose von Deutschtum und Judentum eine Illusion ist. Heute aber besteht in der deutschen Gesellschaft die Bereitschaft zur Aufnahme und Annahme der wenigen jungen Juden, die nicht gezwungen sind, ihre Identität zu verleugnen, um in der deutschen Gesellschaft integriert zu werden.
Aus dieser Stunde der Erfüllung eines ausgeträumten Traumes ist es nun besonders schwer, in ein *fremdes Land* zu wechseln, das mit allen Ansprüchen der *Heimat* auf den jungen Juden wartet.
Ist in solcher Sicht das heutige Deutschland nicht zu positiv gesehen? Gibt es hier keinen Antisemitismus mehr?
Nach 26, zum Teil ausgedehnten Besuchen in der Bundesrepublik, stelle ich mir immer wieder diese Frage.
Aus eigener Erfahrung kann ich nicht von Anzeichen eines akuten Antisemitismus sprechen. Das Gegenteil, ein zuweilen schwärmerischer Philosemitismus tritt mir entgegen, aber ich weiß es wohl, daß offenbar ein latenter Antisemitismus weiter wuchert, wie er sich etwa in der »Deutschen Nationalzeitung« dokumentiert.
Man ist außerordentlich hellhörig geworden. So liegt mir ein Sammelband über die gegenwärtig wieder so aktuellen Ober-

ammergauer Passionsspiele vor, in welchem das fünfte Kapitel der Frage der antisemitischen Ausrichtung gewidmet ist. Beiträge jüdischer Autoren aus der Bundesrepublik und Amerika, die den Text der Passionsspiele auf seine antisemitischen Töne und Untertöne abklopfen, zeigen die Hellhörigkeit der Juden für jede antisemitische Nuance.

Andererseits fühlt man sich so gefeit gegen antisemitische Emotionen, daß man in Köln (und bei den Shakespeare-Festspielen in Stuttgart) den »Kaufmann von Venedig« mit einer kraß abstoßenden Karikatur des Juden Shylock aufführt, wobei man sich allerdings eine moralische Rückversicherung schafft, nämlich durch einen jüdischen, ja israelischen Regisseur, Arje Zinger. Jüdischer Selbsthaß als Äquivalent für Antisemitismus scheint tragbar.

Anstelle eines allgemein abgelehnten Antisemitsmus tritt neuerdings ein Antizionismus, der sich progressiv-humanistisch gibt. So sagte mir kürzlich ein jüngerer evangelischer Theologe: »Der Staat Israel muß dezionisiert werden.«

Wiederholt sich hier auf anderer Ebene nicht, was zu Beginn des 19. Jahrhunderts im Zuge der Emanzipation der Juden anhob? Damals war man bereit, den Juden als Menschen und Mitbürger zu akzeptieren, aber um den Preis der Aufgabe seiner nationalreligiösen Identität.

Heute ist man bereit, den Staat Israel zu akzeptieren, wenn er seine national-religiöse Identität als Judenstaat des Zionismus aufgibt.

Die Randspannung, von der wir eingangs sprachen, überträgt sich so auf den Staat Israel, der wiederum isoliert und nicht integrierbar unter den Völkern und Staaten steht, wie es der Jude und die jüdische Gemeinde in der Diaspora waren und blieben.

Ist es, so gesehen, für Juden aus der Bundesrepublik, insbesondere für die jüdische Jugend, sinnvoll und ratsam, ja zumutbar, Israel als ihr Ziel, als ihr »Lebensprogramm« zu bezeichnen? Was wäre ein Ziel, das ohne jede Anstrengung und Überwindung erreichbar bliebe?

Gerade die Schwierigkeiten, die ich hier schonungslos enthüllt habe, müßten ein Anreiz, ein Ansporn sein zu ihrer Überwindung.
Jede Generation der Kinder Abrahams muß neu das Wort hören, mit dem die Berufung ihres Stammvaters beginnt: »Geh aus deinem Lande und aus deiner Heimat und aus deinem Vaterhause in das Land, das ich dir zeigen werde.« (Gen 12, 1).
Aus leidvoller Erfahrung möchte ich sagen: Geh aus deinem Land, ehe es nicht mehr dein Land ist, aus deiner Heimat, ehe sie dich verleugnet hat, aus deinem Vaterhause, ehe es zerstört ist. Geh in das Land, das dir gezeigt wird als Herausforderung und Auftrag.
Sicher werden nicht alle diesen kategorischen Imperativ Israels als an sich selbst ergangen hören, und doch scheint mir hier die Zukunft und die Möglichkeit jüdischer Jugend zu liegen, wenn sie den Weg aus der Duldung in die Selbstverwirklichung antreten will.
Es ist ein schwerer Weg, aber er führt in eine Zukunft, die die ungebrochene Einheit des jüdischen Menschen verbürgt. Eine junge jüdische Generation aus Deutschland, die den Weg nach Israel findet, wäre auch dazu befähigt, die Brücke weiter zu bauen, die wir begonnen haben. Keine Luftbrücke, sondern eine Geistbrücke zwischen Deutschland und Israel, zwischen Christentum und Judentum, zwischen der Verfehlung der Vergangenheit und der Begegnung der Zukunft.

Die frühen Jahre

In memoriam Hans-Joachim Schoeps – 30.1.1909–9.7.1980

Der Name Hans-Joachim Schoeps begegnete mir zum erstenmal im Jahre 1932 durch sein Buch »Jüdischer Glaube in dieser Zeit. Prolegomena zur Grundlegung einer systematischen Theologie des Judentums«.

Das Buch ist in diesem Jahre im Philo-Verlag in Berlin erschienen, der dem »Central-Verein deutscher Staatsbürger jüdischen Glaubens« nahestand, einer Richtung im deutschen Judentum, die meiner eigenen zionistischen Grundhaltung diametral entgegengesetzt war.

Das schloß aber nicht aus, daß mir aus diesem Buch eines jungen Autors, der nur drei Jahre älter war als ich selbst, eine brüderliche Stimme sprach. Endlich fand ich hier den mir so wesentlich erscheinenden Ansatz zu theologischem Denken im Judentum, das weithin verschüttet war und blieb und zu einer Unklarheit in der jüdischen Glaubenswelt führte, die nur von Orthopraxie und Ethik verdeckt wurde.

Das Buch war »Salomon Ludwig Steinheim, dem ersten jüdischen Theologen in der neuen Zeit« gewidmet, einem jüdischen Outsider des 19. Jahrhunderts, von dem ich noch keine Kunde hatte.

Es war wiederum Hans-Joachim Schoeps, der mir drei Jahre später durch seine Auswahl »Vom Bleibenden und Vergänglichen im Judentum« (Berlin 1935, Vortrupp-Verlag) in seiner Schriftenreihe »Deutschjüdischer Weg«, den Zugang zu Steinheims »Offenbarung nach dem Lehrbegriff der Synagoge« erschloß.

Ein seltenes Spiel des Zufalls will es, daß mein Exemplar von Schoeps' Erstlingsschrift »Jüdischer Glaube« aus der Bibliothek des Berliner zionistischen Rabbiners Joachim Prinz stammt, dessen Buch »Wir Juden« (Berlin 1934) noch im selben Jahr die Gegenschrift von Hans-Joachim Schoeps »Wir deutschen Juden« auslöste.

In der Zeitschrift »Der Ruf« (No. 12, Juli 1934) von Nathan Birnbaum (1864–1937) befaßte ich mich kritisch unter der Überschrift »Zwischen Don Quichotte und Hiob« mit dem deutsch-jüdischen Bekenntnis von H.-J. Schoeps, bemerkte aber zugleich: »Um es vorwegzunehmen: das Buch ist eine der interessantesten Stellungnahmen zu der durch den nationalsozialistischen Umschwung geschaffenen Situation, und es tut not, sich mit Schoeps auseinanderzusetzen.«

Den Titel dieses Aufsatzes entnahm ich dem zweiten Kapitel der Schrift selbst, die unter der Überschrift »Wider Zionismus und Assimilation« den Untertitel »Auf Hiobsposten« trägt und bemerkt: »Auch Don Quichotte ist ein Held von tragischer Größe . . .«.

Schoeps hat in seinem retrospektiven Sammelband »Bereit für Deutschland!, der Patriotismus deutscher Juden und der Nationalsozialismus. Frühe Schriften 1930–1939«. Eine historische Dokumentation (Berlin 1970), diese kritische Auseinandersetzung, die unter meinem ursprünglichen Namen Fritz Rosenthal erschienen ist, noch einmal abgedruckt, was für die offene und noble Haltung dieses Mannes spricht, mit dem ich durch ein halbes Jahrhundert »einen Streit um des Himmels willen« (Aboth V, 20) geführt habe.

Nicht nur die geistige Begegnung mit Steinheim, sondern auch die mit einem weiteren jüdischen Outsider unseres Jahrhunderts, dem hebräischen Mythologen Oskar Goldberg (1885–1953), der mir wesentliche Denkanstöße vermittelte, verdanke ich Schoeps.

In Heft 5 (August 1934) der von Schoeps herausgegebenen »Blätter einer Gefolgschaft deutscher Juden«, »Der deutsche Vortrupp«, las ich seinen Aufsatz »Secessio Judaica – Israel in Ewigkeit«, in welchem ich den Satz fand: »Seit Gott selber nicht mehr spricht und Irrgang Irrgang nennt, spricht in seinem Namen die Kehilla (Gemeinde) und sie hat von Spinoza bis Trotzki alle abgelehnt, verworfen und ausgestoßen, die *ihre* Meinung von der Wahrheit gestellt haben – oder aber sie schweigt und folgt auf den verkündeten Irrweg nicht nach, wie für die Neuzeit

Westeuropas die Fälle *Constantin Brunner* und *Oskar Goldberg* lehren.«
Constantin Brunner war mir durchaus ein Begriff und seine Rede der Juden »Wir wollen ihn zurück!«, die Jesu Jude-Sein so nachdrücklich betont, war mir bekannt, ebenso sein bedeutendes Buch »Die Herrschaft des Hochmuts« (Memscheleth Sadon), aber den Namen Oskar Goldberg hatte ich noch nie gehört, was kein Wunder war, denn dieser Mann wirkte in einem esoterischen Kreise in Berlin, wo 1925 sein merkwürdiges Buch »Die Wirklichkeit der Hebräer« erschienen ist. Dieses Buch versucht ein System des Pentateuch aufzuzeigen, das nach dem Worte von Schoeps, auf die kanaanitischen Ursprünge der jüdischen Religion, den althebräischen Mythos zurückgeht und ihn zu beleben versucht. (In der bereits erwähnten Dokumentation von 1970 wies Schoeps (S. 283) in einer Fußnote zu Goldberg auf meine Darstellung dieses Magiers in Judaica X, Zürich 1954, hin, ohne zu wissen, daß ich die Bekanntschaft mit den Gedanken Goldbergs ihm verdanke).
Es gehört zum Koinzidenz des Geistes, daß in Thomas Manns »Doktor Faustus« Oskar Goldberg unter dem Namen Dr. Chaim Breisacher (S. 429–437 der Stockholmer Ausgabe von 1947) erscheint und S. 176 ff. unter dem Decknamen »Winfried« Teile aus einer Jugendschrift von Schoeps »Strukturromantik« übernommen wurden.
Bis zum Jahre 1934 hatte ich Schoeps nicht gesehen, doch bewahrte ich sein Bildnis aus der Zeitschrift des Reichsbundes jüdischer Frontsoldaten »Der Schild« (13. April 1934), dessen Kulturbeilage Schoeps eine Zeitlang redigierte.
Im Sommer 1934 lud ich Schoeps aus Berlin nach München ein, um in einer von mir begründeten theologischen Gesprächsrunde einen Vortrag zu halten. Dieser Gesprächsrunde war kein langes Leben beschieden. 1935 wanderte ich bereits in Palästina ein; auch hatte sich die feindselige Atmosphäre in der »Hauptstadt der Bewegung« schon so verdichtet, daß Veranstaltungen dieser Art nur noch relativ selten stattfinden konnten.
Nur mit Mühe gelang es mir, den Gemeinderabbiner Dr. Leo

Baerwald zur Teilnahme an der Aussprache mit Schoeps zu bewegen. Mit der Skepsis der älteren Generation befürchtete der Rabbiner, daß unser Vorhaben in eine »Quatschbude« ausarten könnte.

Das Gegenteil war der Fall. Schoeps zeichnete sich durch die Klarheit seiner Diktion aus, war faszinierend auch wo die überwiegende Mehrheit ihm nicht zu folgen vermochte.

Ich selbst war damals gleichsam der innerjüdische Antipode von Schoeps, gehörte der radikalen zionistisch-revisionistischen Jugendbewegung »Bethar« an, aber das hinderte weder Schoeps noch mich daran, die Begegnung auf der Ebene der Glaubensklärung zu vollziehen, ja sogar Zusammenarbeit zu planen.

Schoeps gab eine Schriftenreihe in dem von ihm begründeten Berliner Vortrupp-Verlag heraus: »Jüdische Wirklichkeit heute«. Als Heft 5/6 wurde meine Schrift »Jenseits von Orthodoxie und Liberalismus« angezeigt: »In diesem Doppelhelft wird der eindringliche Versuch einer Neukonfrontation des Gegenwartsmenschen mit den religiösen Überlieferungen des Judentums aus heutigem Bewußtsein heraus unternommen«.

Das war im Jahre 1938. – Und das besagt, daß der Plan nicht mehr ausgeführt werden konnte, denn in der sogenannten Kristallnacht vom 9. auf den 10. November 1938 gingen nicht nur die Synagogen im Deutschen Reich und in Österreich in Flammen auf, sondern auch alle jüdischen Verlage mußten ihre Tätigkeit einstellen. (Das Buch erschien dann 1939 in Tel-Aviv und in einer Neuauflage Frankfurt am Main 1964. In einer Nachbemerkung vom Sommer 1939 habe ich darauf hingewiesen, daß mein Versuch ursprünglich für die Schriftenreihe von Schoeps programmiert war).

Bei seinem Münchner Vortrag behandelte Schoeps, so weit meine Erinnerung reicht, ähnliche Probleme wie in seinem Beitrag zur eristischen (streitbaren) Theologie »Der moderne Mensch in die Verkündigung der Religionen« (Antwerpen 1939), jedoch unmittelbarer auf die jüdische Situation von damals zugeschnitten.

Als ich Schoeps bei dem gemütlichen Zusammensein nach seinem Vortrag fragte, ob er, angesichts seiner so stark offenbarungsgebundenen Theologie (die Ablehnung der theologia naturalis übernahm er damals offenbar von Karl Barth) sich auch mit orthodoxen jüdischen Denkern wie Isaak Breuer dialogisch auseinandergesetzt habe, antwortete er in unverkennbar berlinerischem Tonfall: »Mit diesen Leuten kann man nicht reden; sie fragen sofort: Essen Sie koscher?«

In dieser scherzhaften Antwort klingt die problematische Situationserkenntnis an, die Schoeps in seiner Bekenntnisschrift »Wir deutschen Juden« so formuliert hat: »Gesetzliche Normen sehen wir noch nicht, nachdem die alten Normen mit ihrem Totalitätsanspruch für den größten Teil der deutschen Juden keine verbindliche Geltung mehr haben ... Vor der Übernahme des Gesetzes erst einmal die Daseinshaltung zu übernehmen, auf die hin das Gesetz gegeben ist und in der es im Heilssinne überhaupt erst wirksam wird, darum geht es heute.« (S. 44/45).

Diese »Abstinenz« gegenüber dem jüdischen Ritualgesetz teilte Schoeps mit Martin Buber, der unser gemeinsamer Lehrer war, aber auch mit Max Brod, dessen »Heidentum, Christentum, Judentum« (München 1922) für unsere Generation große Bedeutung erlangte.

Übrigens hat Schoeps eine Zeitlang mit Max Brod an der Erschließung des Nachlasses von Franz Kafka zusammengearbeitet.[1])

Noch auf einem anderen Gebiete wurde Schoeps für meinen weiteren Weg im Leben richtunggebend. Sein Buch »Jüdisch-christliches Religionsgespräch in 19 Jahrhunderten, Geschichte einer theologischen Auseinandersetzung« (Berlin 1937), vermittelte mir erste Impulse zu einer lebenslangen Auseinandersetzung mit dem Christentum, die schließlich ins Zentrum meiner Lebensarbeit trat.

In diesem Zusammenhang ist vor allem aber auch der Dialog zu erwähnen, den Schoeps mit dem christlichen Outsider Hans

---

1) Mit Max Brod gab Schoeps 1931 den Kafka-Band »Beim Bau der chinesischen Mauer« heraus, worauf Max Brod im Nachwort zu Bd. V der gesammelten Schriften Kafkas »Beschreibung eines Kampfes«, Prag 1936, S. 307 ff. nachdrücklich aufmerksam macht.

Blüher führte »Streit um Israel«. Wenn heute der christlich-jüdische Dialog gerade in der Bundesrepublik von fünfzig Gesellschaften für christlich-jüdische Zusammenarbeit und in ähnlichen Gruppierungen auf evangelischer und katholischer Seite gepflegt wird, so sollte man Schoeps nicht vergessen, der hier bahnbrechend wirkte. Allerdings zog er sich nach seiner Rückkehr aus dem schwedischen Exil nach Deutschland praktisch mehr und mehr zurück, da er fühlte, und es mir gegenüber aussprach, daß seine eigene Position im Judentum zu wenig normativ sei um gegenüber der christlichen Seite vertreten zu werden. Er teilte damit das Los von Salomon Ludwig Steinheim, den er seinen »Säulenheiligen« nannte.

Zwischen Schweden und Jerusalem riß unsere Korrespondenz nicht ab. Wir sandten einander unsere Arbeiten zu und kommentierten sie. Als ich Schoeps Mitte der vierziger Jahre meinen Plan zu einer jüdischen Dogmatik brieflich darlegte, riet er mir, mit diesem Unterfangen noch dreißig Jahre zu warten. Ich erfüllte diesen Rat wörtlich. 1975 erschien mein Buch »Jüdischer Glaube«, dem zwei weitere Teile folgten.

Als ich 1956 zum erstenmal wieder deutschen Boden betrat, lud mich Schoeps nach Erlangen ein und dort hielt ich meine erste deutsche Vorlesung unter seiner Aegide.

Als wir uns anschließend in einer Studentenkneipe zutranken, meinte ich, er lebe nun in einer doppelten Galuth (Exil), als Jude außerhalb Israels und – als Preuße in Bayern. Er quittierte diese Randbemerkung mit dem herzlichen hebräischen Trunkspruch »Lechajim«.

Wir sahen uns einige Jahre später noch einmal in Berlin, wo er bewegte Klage über das unglückliche Spiel des Zufalls führte: ein links gerichteter Journalist des Nachrichtenmagazins »Der Spiegel« führte den Namen Hans-Joachim Schoeps, was die unseligsten Verwicklungen und Mißverständnisse auslöste, da Schoeps als ein prononciert Konservativer naturgemäß völlig andere Haltungen vertrat als sein Namensvetter.

Im Winter 1978 weilte ich in Erlangen zu einem Vortrag zu Martin Bubers 100. Geburtstag, konnte Schoeps aber nicht

mehr sehen, da er bettlägerig war. So blieb es bei einem längeren Telephongespräch.
Er gab damals nur noch der Hoffnung Ausdruck, seine Deutsche Geistesgeschichte vollenden zu können. Ich weiß nicht, ob ihm das gelungen ist.
Als ich ihm dringlich ans Herz legte, seine jüdisch-theologischen Arbeiten doch wieder aufzunehmen, da wir seiner Stimme bedürften, meinte er nur, daß seine Kräfte nicht mehr hinreichten.
Wenn diese Seite seines Werkes, die mit den Überlegungen zur jüdischen Glaubenslage der Gegenwart einsetzte und durch bedeutende Arbeiten wie dem Buch über »Paulus, die Theologie des Apostels im Lichte der jüdischen Religionsgeschichte«, und der »Geschichte und Theologie des Judenchristentums« gleichsam Torso blieb, überschattet wurde von Arbeiten zur Geschichte Preußens, so ist doch der Beitrag von Hans-Joachim Schoeps zur jüdischen Geistesgeschichte unseres Jahrhunderts unverwischbar.
Ich sehe in Hans-Joachim Schoeps den letzten preußischen Juden. Eine Entwicklung, die mit Moses Mendelssohn begann, ging mit ihm zu Ende.

Deutsche Dichtung in Israel

»Bilanz der deutschen Judenheit« diesen Titel gab Arnold Zweig einer Rückschau auf die Geschichte der deutschen Juden bis zum Unheilsjahr 1933. Er diktierte diese Rückschau noch in der französischen Emigration, ehe er sich nach Palästina (Erez Israel) einschiffte, wo er für eine lange Reihe von Jahren auf dem Karmel über Haifa seßhaft wurde.
Arnold Zweig gehörte zu den vier Großen der deutschen Literatur, die in den Jahren vor dem Zweiten Weltkriege im damaligen »Mandats-Palästina« eine Heimat gefunden hatten: Max Brod, Martin Buber, Else Lasker-Schüler und Arnold Zweig.
Hatten sie wirklich hier »Heimat« gefunden? Auf Max Brod und Martin Buber trifft dies sicherlich zu. Arnold Zweig hingegen verließ enttäuscht das Land und kehrte 1948 über Prag nach Ost-Berlin zurück. Else Lasker-Schüler irrte oft wie eine Verscheuchte durch die Straßen Jerusalems, dessen irdische Härte allzusehr mit ihrem Seelenbild himmlischer Milde kontrastierte.
Arnold Zweig hat in seiner erwähnten »Bilanz der deutschen Judenheit« geschrieben: »Der Zionismus strebt danach, jüdische Produktivität für die Zukunft zu sichern. Er bedarf dazu, wie wir sahen, eines Territoriums und einer Sprache, der hebräischen, um die Vielfältigkeit der Muttersprachen zu überwinden, mit denen die jüdischen Familien in Palästina einwandern – allein in Jerusalem achtundfünfzig!«
So klar die Erkenntnis – und so schwer die Verwirklichung! An der von ihm als gültig erkannten hebräischen Sprache zerbrach die Existenz des deutschen Schriftstellers Arnold Zweig im »Hebräerland«, wie Else Lasker-Schüler es ausdrückte. Die Gültigkeit einer Sprache anerkennen ist eines, sie zum Ausdruck der eigenen Persönlichkeit zu machen, ein anderes. Wenigen ist es gelungen, wenigen Juden aus dem deutschen Kulturkreis, die bereits vor ihrer Auswanderung nach Palästina in ihrer Mutter-

sprache produktiv geworden waren. Aus einem Lande kann man auswandern, aus einer Sprache nicht.
So entstand in Palästina und später weiterhin im Staat Israel ein Stück deutscher Literatur, das hier registriert und der Vergessenheit entrissen werden soll.
In vielen Ländern Europas und Amerikas entstanden nach 1933 Zentren der Literatur der Emigration. In keinem Lande aber war diese Literatur so problematisch und spannungsreich wie im Lande Israel. Hier und nur hier durfte und konnte sich der emigrierte Autor nicht als Emigrant bezeichnen. Das wäre Verrat am Zionismus gewesen. Heimgekehrt in das Land seiner Väter, in den Raum der hebräischen Sprache, sollte er sich als ein Fremder deklarieren?
Es gab nur ganz wenige Ausnahmen dieser Art, vor allem linientreue Kommunisten, wie Louis Fürnberg, die Palästina offen als Station ihrer Emigration bezeichneten.
Wir anderen aber suchten das Erlebnis der neuen Heimat, Israel, in der alten Muttersprache zum Tönen zu bringen. Dieses Kapitel deutscher und jüdischer Literatur geht seinem Ende entgegen. Es gibt heute keinen Nachwuchs deutschsprachiger Autoren mehr in Israel. So gesehen ist das Deutsche im Staat Israel eine sterbende Sprache. Was in ihr gedacht und geschrieben wurde, vielfältig und unterschiedlich, von zaghaften Versuchen bis zu gereiften Werken, soll hier noch einmal zusammengefaßt werden, um ein Zeichen zu setzen für eine Wegstelle auf den Pfaden Israels, ehe sie der Wüstenwind des Vergessens verweht.
In letzter Zeit sind zwei Bücher erschienen, die noch einmal das deutschsprachige Schrifttum in Israel zusammenfassen wollen: Stimmen aus Israel, eine Anthologie deutschsprachiger Literatur in Israel, herausgegeben von Meir M. Faerber (Gerlingen 1979), Bleicher-Verlag.
Das andere Buch ist das nachgelassene Werk von Dov Amir, Leben und Werk der deutschsprachigen Schriftsteller in Israel. Eine Bio-Bibliographie (München 1980) Verlag K. G. Saur.
Während in der Anthologie die heute in Israel lebenden

deutschsprachigen Autoren zu Worte kommen, allerdings nur so weit sie in dem Verband deutschsprachiger Schriftsteller in Israel erfaßt sind, gibt das Buch von Amir eine sehr lückenhafte Zusammenstellung der deutschsprachigen Autoren Israels.

Der deutsche Literarhistoriker an der McGill-Universität in Montreal Josef Schmidt schrieb nach einem Aufenthalt in Israel im Mai 1981: »Es gibt heute noch eine Enklave deutscher Literatur in Israel, die eher abseits vom Literaturgespräch in Deutschland (oder der Schweiz) liegt. Einzelne Bücher haben zwar als Flaschenpost das deutschsprachige Publikum in Europa erreicht – und dies, obwohl der Kontakt von israelischer Seite schon früh in den 50er Jahren gesucht wurde. Aber die Schriftsteller, die hinter diesen Büchern stehen, sind in Europa kaum ins weitere Bewußtsein gedrungen. Zwar sind die Bemühungen deutscher Immigranten von anno dazumal, in Palästina eine Emigrationsliteratur aufzubauen, bekannt. Max Brod, Else Lasker-Schüler und Arnold Zweig sind mit ihrem Werk über die Emigrationsgrenze hinausgedrungen. Aber die Schriftsteller und Bücher, die nach dem Zweiten Weltkrieg ihren Weg in deutschsprachige Verlage fanden, riefen nur ein beschränktes Echo hervor. Und es war nicht nur die geographische Entfernung, die sich als problematisch erwies.« Schmidt hat damit die Situation trefflich umrissen. Es ist kein Zufall, daß auch er Max Brod, Else Lasker-Schüler und Arnold Zweig nennt (Martin Buber ist ihm offenbar entgangen, da er ihn mehr unter die Philosophen als unter die Dichter rechnete, was sachlich nicht ganz zutreffend ist), da es nur diese letzten Repräsentanten deutscher Literatur, die vor dem Dritten Reich Namen von Weltgeltung hatten, im Bewußtsein der Nachwelt geblieben sind. Selbst diese Feststellung ist nur mit Einschränkung gültig. Arnold Zweig ist heute in der Bundesrepublik fast vergessen, lebt aber in der Literatur der DDR. Max Brod wird meist nur noch als Herausgeber Franz Kafkas gewürdigt. Der Schatten dieses Freundes verdunkelte Brods eigenes Werk. Else Lasker-Schüler aber ist fast vierzig Jahre nach ihrem Tode in Jerusalem im deutschen Sprachkreis bekannter als sie bei Lebzeiten war.

Von den heute in Israel noch schreibenden Autoren sind nur ganz wenige ins Bewußtsein der Zeitgenossen im Umkreis der deutschen Sprache getreten.
Hier ist vor allem Werner Kraft, geb. 4. Mai 1896 in Braunschweig, zu nennen, der seit 1934 in Jersualem wohnt und durch seine Bücher über Karl Kraus, Rudolf Borchhardt, Franz Kafka und seine Autobiographie »Spiegelung der Jugend« den Literaturbeflissenen als Deuter deutscher Geistesgeschichte bekannt wurde; weniger durch seine eigenen Gedichte und seinen Roman »Der Wirrwarr«.
Noch älter ist der einzige Dramatiker unter den deutschen Schriftstellern Israels, Max Zweig, geb. 1892 in Proßnitz/Mähren, der seit 1938 in Israel lebt und eine große Zahl von Dramen verfaßt hat, die am Wiener Burgtheater, aber auch in Deutschland und den USA, und in hebräischer Übersetzung in Israel aufgeführt wurden. Von besonderer Bedeutung ist sein Drama »Davidia«, das den heldenhaften Kampf einer galiläischen Siedlung (Kibbuz) gegen arabische Banden im Jahre 1920 schildert.
Zu den ältesten des deutschen Schrifttums in Israel, wohl der Nestor dieser Autoren, zählt Leopold Marx (geb. 1889 in Stuttgart-Bad Cannstatt), der im Kriegsjahre 1939 in Israel einwanderte und in der Siedlung Shavei Zion seßhaft wurde. Ihm verdanken wir eine gültige Nachdichtung des Hoheliedes »Das Lied der Lieder«, das durch Reclams Universalbibliothek 1964 weite Verbreitung fand. Durch eigene Lyrik und das Erinnerungsbuch an seinen im Freiheitskriege Israels gefallenen Sohn »Jehoschua« erwies er sich als Dichter von wachem Sprachempfinden.
In diesem Kreis der Senioren ist auch Lola Landau (geb. 1892 in Berlin, eingew. 1936) zu nennen, die seit Jahrzehnten in Jerusalem lebt und in ihrem Band »Die zärtliche Buche« (1980) noch einmal den Brückenschlag in das Land ihrer Kindheit und ihrer Ehe mit dem Dichter Armin T. Wegner wagte. In ihrem späten Gedichtband »Noch liebt mich die Erde« erwies sie sich als wortkräftige Lyrikerin.
Der erste deutschschreibende Autor, der sich in Palästina nie-

derließ, war M. Y. Ben Gavriêl (ursprünglich Eugen Höflich geb. Wien 1891, gest. Jerusalem 1965). Er wurde bereits 1927 in Jerusalem seßhaft, in der Stadt, in die er sich als österreichischer Offizier im Ersten Weltkriege verliebt hatte. In seinen humoristischen Erzählungen um den Bürger Mahaschabi wurde Ben Gavriêl ein Vorläufer des israelischen Erfolgsautors Ephraim Kishon. In seinem Roman »Das Haus in der Karpfengasse« schuf Ben Gavriêl ein episches Werk aus der Zeit der jüdischen Tragödie im Zweiten Weltkrieg von bedeutendem Tiefengang.

Wie ein Meteor am Himmel der Epik leuchtete Jacob Klein-Haparasch (geb. 1887 in Czernowitz, eingew. 1946, gest. Nathania 1970) auf. Sein Monstre-Roman ». . . der vor dem Löwen flieht« erschien 1961 in einem Umfang von 878 Seiten bei S. Fischer in Frankfurt. In diesem ausgebreiteten epischen Werk wird die Situation des Grenzgebietes zwischen Polen und Rumänien in der Zeit zwischen den beiden Weltkriegen in einem Monumentalgemälde ausgebreitet, das die Autobiographie dieses passionierten Reiters (daher der hebräische Wunschname ›Haparasch‹ der Reiter) enthält.

Ebenfalls ganz als Einzelgänger erscheint Georg Strauss (geb. Berlin 1896, eingew. 1939, der in dem kleinen Ort Givatajim lebte). Seine groß angelegte Roman-Trilogie »Im Zeichen der Sistina«, »Vita nuova in Kanaan«, wird mit dem Israelroman »Die magische Kette« abgeschlossen, der mit einem Bekenntnis-Epilog endet, in welchem das Schicksal einer ganzen Generation zum Ausdruck kommt: »In der unvernünftigen Frage nach dem Schicksal meiner alle Erlebnisse der Vergangenheit überschattenden Gemeinschaft erkenne ich mein neues Ich in seiner echten Leidenschaft nach allen trügerischen Passionen und in diesem Wissen nehme ich unbeschwerten Abschied für immer von der irrigen Verkörperung meiner selbst in einer verschollenen Existenz.«

Mit diesem Abschied ist die Trennung von dem früheren Leben außerhalb Israels gemeint, die aber wohl keinem gelungen ist, der den Sprachwechsel nicht vollziehen konnte.

Ganz im Gestern verhaftet, blieb Paula Buber (geb. München 1877, eingew. 1938, gest. Venedig 1958), die Gattin Martin Bubers, die unter dem männlichen Pseudonym Georg Munk publizierte. Ihr großer Bildungsroman »Am lebendigen Wasser« ist im Stil der Goethe-Zeit gehalten, während sie in ihrem satirischen Roman »Muckensturm« ihre Erinnerungen und zum Teil unerfreuliche Erlebnisse an und in Heppenheim an der Bergstraße schildert, wo die Familie Buber von 1916–1938 lebte und, vom Ungeist der Nazizeit verfolgt, den Ort und Deutschland verließ.
Während man in Heppenheim diesen Schlüsselroman durchschaute und entsprechend negativ darauf reagierte, blieb das Buch in Israel selbst eigentlich unbekannt, ein Schicksal, das viele Werke deutsch schreibender Schriftsteller Israels teilen müssen.
Wohl der einzige Nichtjude unter den hier genannten Autoren ist der Deutsche Horst Schade (geb. Dresden 1906, eingew. 1937), der in Jerusalem lebt und in seinem Buch »Ein Engel war mit mir« (1949) einen Roman von großer dichterischer Kraft geschaffen hat, der die Fährnisse der Heimatlosen in der Verfolgungszeit des Dritten Reiches schildert.
Von einem ganz anderen Blickwinkel aus wird in dem Roman »Der Umweg« von Alexander Czerski (geb. Kattowitz 1920, eingew. 1957) dieselbe Epoche geschildert. Der Dichter ist 1954 erblindet und lebt heute in Tel-Aviv.
Mit Abstand der Jüngste unter den deutschschreibenden Autoren ist Elasar Benyoetz (geb. 1937 in Wien, eingew. 1939), der in seinen Aphorismen, die in mehreren Bänden vorliegen, ein phänomenales Sprachbewußtsein entwickelt. In einem Erinnerungsband an Annette Kolb (1970) zollt er der großen deutschen Erzählerin seinen Tribut. Benyoetz schreibt natürlich auch hebräisch. Das ist in der älteren Generation eigentlich nur dem Lyriker Ludwig Strauss (geb. 1892 in Aachen, eingew. 1934, gest. 1953 in Ramothhashavim) gelungen.
Unter den Lyrikerinnen ist an erster Stelle wohl Mascha Kaléko (geb. 1912 in Schidlow, eingew. 1960, gest. Zürich 1975) zu

nennen. Ihr Schicksal erinnert an das der Else Lasker-Schüler. Auch sie verlor den einzigen geliebten Sohn und konnte in Jerusalem nicht heimisch werden. Die Stationen ihres Lebens waren Berlin und New York, bis sie schließlich in Jerusalem noch einmal ihr Heim zu gründen versuchte. Ihre nur scheinbar leichten Verse, die man fälschlich zur Gebrauchslyrik rechnete, sicherten ihr einen weiten Leserkreis über den Tod hinaus.

Lyrik eigener Prägung, aber auch geprägte Prosa gab Jenny Aloni (geb. 1917 Paderborn, eingew. 1939), während Netti Boleslav (geb. 1923 in der Tschechoslowakei, eingew. 1939, gest. Tel-Aviv 1981) nur im Gedicht ihre spannungsreiche Persönlichkeit zur Darstellung brachte.

Noch vor Ausbruch des Dritten Reiches galt Manfred Sturmann (geb. Königsberg 1903, eingew. 1938) als verheißungsvoller junger Lyriker, der sich in München niedergelassen hatte. Im palästinensischen Sprachexil hat er die lyrische Produktion fortgesetzt und nach dem Kriege fand er wieder eine Lesergemeinde, auch für seine Prosa »Abschied von Europa«.

Eine Sonderstellung unter den deutschschreibenden Schriftstellern nimmt der Exdiplomat Avigdor Dagan (geb. Königgrätz 1912, eingew. 1949) ein. Er war als Botschafter Israels in Polen, Jugoslawien und Österreich tätig, schreibt ursprünglich tschechisch, hat aber seine dichterische Erzählung »Der Hahnenruf« (1980) in ein reines Deutsch übersetzt, das an die Prosa Carossas erinnert.

Werner Bukofzer (geb. Berlin 1903, eingew. 1939) hat durch scharf profilierte Kurzgeschichten und literarische Essays einen wesentlichen Beitrag zur deutschen Literatur in Israel geleistet. Das gilt auch für Meir Faerber (geb. Mährisch-Ostrau 1908, eingew. 1936), der die erste Anthologie deutschsprachiger Literatur in Israel »Stimmen aus Israel« in seiner Eigenschaft als Vorsitzender des Verbandes deutschsprachiger Schriftsteller in Israel herausgegeben hat.

Grenzgänger zwischen Literatur und Publizistik sind Herbert Freeden (geb. Posen 1909, eingew. über England 1951) und Erich Gottgetreu (geb. Chemnitz 1903, eingew. 1933), der in

seinem Buch »Das Land der Söhne« die ersten Jahre der Kolonisation der deutsch-jüdischen Einwanderung nach 1933 in Palästina schilderte.
Von der Generation der Autoren, die heute schon über Hundertjährig wären, möchte ich nur den Humoristen Sammy Gronemann (geb. Strassburg/Westpreußen 1875, eingew. 1936, gest. Tel-Aviv 1952) erwähnen, der mit seiner Komödie »Der Weise und der Narr«, ein biblisches Lustspiel um König Salomo, die Bühne eroberte. Nach dem Tode des Autors wurde das Stück als Musical nochmals ein starker Erfolg.
Ebenso soll hier des Romanciers Gerson Stern (geb. Holzminden 1874, eingew. 1939, gest. in Jerusalem 1956) gedacht werden. Sein historischer Roman um die Austreibung der Juden aus Prag unter Maria Theresia »Weg ohne Ende« (1934) wurde Ausdruck der tragischen Zeit seines Erscheinens. In Jerusalem entstand sein unvollendetes Romanwerk »Die Waage der Welt«, das nur hebräisch erschienen ist.
Es gab natürlich eine Reihe von deutsch schreibenden Schriftstellern, die nur zeitweilig in Israel lebten und schufen. Prototypisch für diese Kategorie ist Heinz Politzer (geb. Wien 1910, eingew. 1938, ausgew. nach den USA 1947, wo er 1978 starb). Politzer trat zunächst als Lyriker hervor und wurde dann durch seine Deutung Franz Kafkas bekannt. Ursprünglich Zionist, konvertierte er in den USA zum Katholizismus und suchte in den letzten Jahren den Rückweg nach Österreich.
Von der älteren Generation der Philosophen möchte ich zwei Prager nennen: Hugo Bergmann (geb. Prag 1883, eingew. 1920, gest. 1975), der vor allem als Vermittler deutschen Geistesgutes in der hebräischen Szene als Übersetzer von Immanuel Kant ins Hebräische wirksam wurde, aber bis in das hohe Alter hinein auch deutsch publizierte. Ebenso ist hier Felix Weltsch (geb. Prag 1884, eingew. 1939, gest. Jerusalem 1964) zu nennen, der Lebensfreund Max Brods, dem wir wertvolle Studien über Kafka verdanken und der durch sein »Wagnis der Mitte« einen neuen Begriff in die Philosophie einführte.
Auch Gershom Scholem (geb. Berlin 1897, eingew. 1923), der

die jüdische Mystik der Kabbala als akademische Disziplin kreierte und in der literarischen Sphäre vor allem als Herausgeber und Interpret von Walter Benjamin einen wesentlichen Beitrag leistete, ist in diesen Zusammenhängen zu nennen.

Der Nestor der deutschsprachigen Publizisten in Israel ist Robert Weltsch (geb. Prag 1891, eingew. 1938), der nach langjährigem Aufenthalt in London nun seinen Lebensabend in Jerusalem verbringt. Durch seine scharfsinnigen Essays in deutscher *und* hebräischer Sprache wurde er zum Mentor ganzer Generationen des Zionismus und als Herausgeber des Jahrbuches des Leo-Baeck-Institutes zum Bewahrer des geistigen Erbes des deutschen Judentums.

Die jüngere Generation deutschsprachiger Publizisten repräsentiert Alice Schwarz, die aus Wien stammt und seit 1940 in Israel lebt. Neben erzählerischen Werken hat sie vor allem durch ihr Herder-Buch »Frauen in Israel« (1979) eine große Lesergemeinde gewonnen.

Eine Auswahl der in Israel wirkenden deutschsprachigen Schriftsteller kann hier natürlich nicht vollständig geboten werden, so sollen nur noch wenige Hinweise ergänzend wirken, etwa auf die in Raanana lebende Dichterin Frieda Hebel (geb. Darmstadt 1904, eingew. 1933), der wir Verse von tiefer Innigkeit verdanken.

Eine Erzählerin von philosophischem Tiefengang ist Anna Maria Jokl (geb. Wien 1911, eingew. 1965), die in Jerusalem als Psychotherapeutin wirkt. Als Jugendschriftstellerin erwarb sich internationalen Ruf Rusia Lampel (geb. Kroscienko/Ostgalizien 1901, eingew. 1931, gest. 1978 in Jerusalem). Ihr Buch »Der Sommer mit Ora« (1964) erfuhr zahlreiche Auszeichnungen.

Zu den zu unrecht Vergessenen gehört Josef Kastein (geb. Bremen 1890, eingew. 1933, gest. 1946 in Haifa), dessen Werke über jüdische Geschichte, inspiriert von der Darstellungsweise eines Emil Ludwig und Stefan Zweig, Mitte der 30er Jahre von bedeutender Wirkung waren.

Um das Erbe von Paul Mühsam (geb. Brandenburg 1876, ein-

gew. 1933, gest. Jerusalem 1960) ist seine Tochter Else Levi-Mühsam unablässig bemüht, und es gelang ihr, seine Lyrik und seine Autobigraphie in Deutschland neu herauszugeben.
Der große Erzähler deo Perutz (geb. Prag 1884, eingew. 1938, gest. Bad Ischl/Österreich 1957) lebte fast zwei Jahrzehnte in Tel-Aviv, schuf hier aber eigentlich nichts Neues mehr. Seine historischen Romane haben aber in der Nachkriegszeit wieder bedeutende Auflagen erlebt. Vor allem ist sein Roman aus dem alten Prag »Nacht unter der steinernen Brücke« zu erwähnen.
Die Tradition des historischen Romans in deutscher Sprache setzen die Erzähler Heinz Weissenberg (geb. Giessen 1908, eingew. 1935) mit seiner Moses-Trilogie und Heinrich Zador (geb. Budapest 1905, eingew. 1939) mit seinem Kreuzfahrerroman »Der Weg nach Hittin« fort.
Deuter jüdischer Geschichte und jüdischen Geistes in deutscher Sprache sind der Historiker Alex Bein (geb. Steinach a. d. Saale 1903, eingew. 1933), dem wir die bedeutende Biographie Theodor Herzls, des Visionärs des Judenstaates, verdanken, und Ernst Simon (geb. Berlin 1899, eingew. 1928), der in seinem Suhrkamp-Band »Entscheidung zum Judentum« zum Sprecher einer Generation der Rückkehrer wurde, die ihr geistiges Erbe neu entdeckte, ohne die deutsche Herkunft zu verleugnen.
Schalom Ben-Chorin (ursprünglich Fritz Rosenthal, geb. München 1913, eingew. 1935) wurde vor allem als Vermittler zwischen Judentum und Christentum durch seine Trilogie über Jesus, Paulus und Maria in jüdischer Sicht weiten Kreisen des deutschen und christlichen Publikums bekannt, trat aber auch als Erzähler und Lyriker, Essayist und Journalist hervor.
Kann man von einer deutschen Literatur in Israel sprechen? Das ist, so formuliert, kaum möglich.
In diesem Zusammenhang sei an ein Wort von Albert Camus erinnert: »Das Französische – nicht Frankreich – ist meine Heimat.« Für viele der in Israel (noch) lebenden deutschschreibenden Dichter und Schriftsteller ist die Muttersprache ihre Heimat geblieben, was ihrer Verbundenheit mit dem Lande Israel keinen Abbruch tut. Die dialektische Spannung zwischen der

Sprache des Herzens und dem geliebten Land ist die Sphäre, in der diese einzigartige Literatur angesiedelt bleibt. Nur ganz Wenige, wie Wolf Hildesheimer, haben den Rückweg nach Deutschland angetreten – und selbst er, der heute zu den bekanntesten deutschen Autoren zählt, hat seinen Wohnsitz nach der Schweiz verlegt.

Nachgeborene wie Lea Fleischmann, deren Autobiographie »Das ist nicht mein Land« (1980) in Deutschland zum Bestseller wurde, und Henryk M. Broder, Mitherausgeber des Fischer-Buches »Fremd im eigenen Land, Juden in der Bundesrepublik« traten den Heimweg nach Israel an. Die Zukunft wird erweisen, ob sie im Lande ihrer Herkunft heimisch werden können. Vielleicht würde so der deutschsprachigen Literatur in Israel noch ein Nachwuchs erstehen? Im besten Falle könnten dies aber nur Ausnahmen sein. Die Generation der heute 50- und auch schon 60jährigen, in Deutschland geboren, aber in Israel seßhaft geworden, fand ihren Ausdruck in der hebräischen Literatur. Ein Beispiel dafür ist der Würzburger Jehuda Amichai, der zu den bekanntesten hebräischen Lyrikern zählt und 1981 mit dem Literaturpreis seiner Heimatstadt Würzburg ausgezeichnet wurde. Hier schließt sich ein Kreis von Herkunft und Gegenwart, aber im Rückblick soll auch noch einmal die fortwirkende Kraft jener deutsch-jüdischen Symbiose dargestellt werden, auf die das Wort über Helena im »Faust« zutrifft: »Bewundert viel und viel gescholten.«

Judenstaat und Judenhaß

Im Jahre des Ersten Zionistenkongresses 1897 entwarf der Kölner Rechtsanwalt Max Bodenheimer, einer der treuesten Mitarbeiter von Theodor Herzl, dem Gründer der Zionistischen Weltorganisation, eine Art Wappen, das den Löwen Judas im Davidstern zeigte, umgeben von zwölf Sternen, die die zwölf Stämme Israels symbolisieren sollten. Diese heraldische Skizze wurde umrahmt von der Losung:

»Die Bildung eines Judenstaates ist die einzig mögliche Lösung der Judenfrage.«

Bodenheimer hatte damit die Quintessenz des politischen Zionismus umrissen und die Formulierung aufgenommen, die Theodor Herzl seiner Programmschrift 1896 als Titel gegeben hatte: *»Der Judenstaat.«*

Herzl war sich bewußt, daß der Judenstaat an sich keine neue Idee darstellt und so begann er seine Vorrede mit dem lapidaren Satz:

»Der Gedanke, den ich in dieser Schrift ausführe, ist ein uralter. Es ist die Herstellung des Judenstaates.«

Der Judenstaat in der Konzeption Herzls und damit des politischen Zionismus sollte eine zweifache Aufgabe erfüllen. Die Konzentration der Juden in einem eigenen Land sollte ihnen die Möglichkeit zur produktiven Selbstentfaltung geben, und weiterhin den Antisemitismus, den Judenhaß, abbauen.

Herzl war davon durchdrungen, daß die Judenfrage ihrem tiefsten Wesen nach keine religiöse und keine soziale Frage darstelle, sondern im Wesenskern eine nationale und daher nur durch eine Renationalisierung des jüdischen Volkes gelöst werden könne.

Er und seine Mitarbeiter stellten sich vor, daß es jetzt, im Zeitalter technischer Fortschritte, möglich sein müsse, einen religiös-eschatologischen Traum in harte Wirklichkeit umzusetzen. Nicht mehr der Messias wurde erwartet, sondern die Selbsthilfe des Volkes: »Die Juden, die wollen, werden ihren Staat haben.«

Für Herzl war ursprünglich die Frage des Territoriums, auf dem der Judenstaat gegründet werden sollte, zweitrangig. Zunächst wollte er eine »Society« gründen, die zu eruieren hatte, welches Territorium in Frage käme.
Unter der Überschrift »Palästina oder Argentinien« behandelt er in seiner Programmschrift diese Frage sozusagen mit leichter Hand: »Ist Palästina oder Argentinien vorzuziehen?«
Die Society wird nehmen, was man ihr gibt und wofür sich die öffentliche Meinung des Judenvolkes erklärt. Die Society wird beides feststellen.
Argentinien ist eines der reichsten Länder der Erde, von riesigem Flächeninhalt, mit schwacher Bevölkerung und gemäßigtem Klima ...
Palästina ist unsere unvergeßliche historische Heimat. Dieser Name allein wäre ein gewaltig ergreifender Sammelruf für unser Volk. Wenn Seine Majestät der Sultan uns Palästina gäbe, könnten wir uns dafür anheischig machen, die Finanzen der Türkei gänzlich zu regeln. Für Europa würden wir dort ein Stück des Walles gegen Asien bilden, wir würden den Vorpostendienst der Kultur gegen die Barbarei besorgen. Wir würden als neutraler Staat im Zusammenhange bleiben mit ganz Europa, das unsere Existenz garantieren müßte. Für die heiligen Stätten der Christenheit ließe sich eine völkerrechtliche Form der Exterritorialisierung finden.«
Man sieht, daß Theodor Herzl, wie er selbst später betonte, zunächst Judenstaatler war, nicht Zionist im eigentlichen Sinne, denn es ging ihm primär nicht um die Rückkehr nach Zion, sondern um die Errichtung eines jüdischen Staates, wo immer dies möglich schien.
Er dachte an vieles, aber die Hauptsache vergaß er. Als er von Palästina sprach, war ihm die Zusage, der Charter des Sultans das Wesentliche – und darüber hinaus dachte er bereits an die Heiligen Stätten der Christenheit und an die Beziehungen des Judenstaates zur europäischen Kulturwelt.
Die Tatsache aber, daß Palästina kein leeres Land war, sondern eine arabische Bevölkerung, wenn auch keine zahlenmäßig gro-

ße, aufzuweisen hatte, entging ihm offenbar. Auch seine ersten Mitarbeiter dachten noch ganz in kolonialistischen Begriffen. Der Weg zum Sultan wurde über Kaiser Wilhelm II. gesucht, der Weg zu diesem über den Großherzog von Baden. Eine Fühlungnahme mit der autochthonen Bevölkerung aber schien in dieser ersten Phase des politischen Zionismus weder nötig noch möglich, denn die Araber Palästinas hatten noch keine verhandlungsfähige Selbstverwaltung aufzuweisen.

Das Judenvolk, wie Herzl schreibt, entschied sich eindeutig für Palästina. An anderer Stelle spricht Herzl noch vager: »Für Palästina spricht die Legende.« In der letzten Phase seines kurzen politischen Wirkens, das nur sieben Jahre umfaßte, mußte er erkennen, daß das britische Angebot, Uganda als Siedlungsraum zu wählen, auf den erbitterten Widerstand der Zionistischen Bewegung stieß, und so legte Herzl auf dem Sechsten Kongreß den alten Treueschwur ab: »Vergäß ich dein Jerusalem, soll meiner Rechten vergessen werden.« (Ps 137, 5)

Das Abrücken von Palästina ging aber nicht auf die arabische Frage zurück, sondern lediglich auf die abweisende Haltung der Hohen Pforte, also des Sultans in Konstantinopel, dem Herzl nicht die Millionen bieten konnte, dier zur Sanierung des »kranken Mannes am Bosporus« nötig waren.

Herzl versprach sich aber auch von der Gründung des Judenstaates den Abbau des Judenhasses, des Antisemitismus. Die Juden verlassen die Länder, in denen sie nicht assimilierbar sind, und durch diesen Exodus wird die Ursache des Antisemitismus, die Anwesenheit der Juden, beseitigt oder verringert und dadurch wird der Judenhaß anulliert.

Die Ursache des Judenhasses ist, nach dieser klassischen Konzeption des Zionismus, die Anomalität der jüdischen Existenz in der Diaspora. Überall auf der Welt, in christlichen und moslemischen Staaten, im Osten und im Westen, bilden die Juden eine nicht voll integrierbare Minorität, und das führt zu einer permanenten »Randspannung« (Jakob Klatzkin), die den Nährboden des Antisemitismus bildet.

Dieser kann religiöse, soziale, nationale oder rassistische For-

men annehmen, bleibt aber immer Folge der anomalen Existenz dieses Volkes unter anderen Völkern.
Daher wurde die Normalisierung des jüdischen Volkes zum Hauptanliegen des Zionismus.
Theodor Herzl schrieb einem Waisenknaben des Pogroms von Kischinew (1903) ins Stammbuch:

> Wann erscheint mir als gelungen
> Mein Bemüh'n auf dieser Erden?
> Wenn aus armen Judenjungen
> Stolze junge Juden werden.

Der Judenstaat ist, so gesehen, kein Selbstzweck, sondern das einzig mögliche Mittel zur Befreiung des jüdischen Menschen. Wovon sollte er befreit werden? Von den Deformationen der Galuth (der Verbannung) und dem damit ursächlich verbundenen Judenhaß.

Normalisierung

Auf vielen Wegen strebte der Zionismus die Normalisierung des jüdischen Volkes an. Nicht nur durch die Errichtung eines eigenen Judenstaates, sondern auch durch die damit verbundene Strukturveränderung der jüdischen Gesellschaft sollte der *Gestaltwandel* des jüdischen Volkes erzielt werden; eine Zielsetzung, die heute, über dreißig Jahre nach Gründung des Staates Israel, in geradezu erschreckendem Maße gelungen ist. Das heutige Israel hat ein Staatsvolk entwickelt, das nicht nur die positiven, sondern auch die negativen Züge anderer Völker angenommen hat.
Die positiven Elemente sind in einer Umschichtung der jüdischen Gesellschaft zu sehen, durch Rückkehr zur Urproduktion in Landwirtschaft und Industrie, durch den Aufbau einer eigenen Armee, die ihre Schlagkraft in bisher vier Kriegen erwiesen hat.
Auch auf kulturellem Gebiet ist der große Wandel festzustellen, vor allem durch die Wiederbelebung der hebräischen Sprache

als einigendes Band der Juden im Staate Israel, die aus über achtzig Einwanderungsländern in die historische Heimat zurückkehrten.

Alle diese Errungenschaften weisen aber notwendigerweise auch ihre Schattenseiten auf.

Die Rückkehr zur Urproduktion hat zweifellos einen Verlust an intellektuellen Kräften mit sich gebracht. (Man denke nur an die Jahre der sogenannten fünften Alija 1933–1940, der Einwanderung aus Deutschland, Österreich, der ČSR und anderen mitteleuropäischen Gebieten. Hochqualifizierte Akademiker wurden zu Geflügelzüchtern und Chauffeuren, ja sogar zu Schuhputzern, Straßenkehrern und Lastträgern.)

Die notwendige Wehrhaftigkeit trägt immer die Gefahr des Militarismus in sich, und die Wiederbelebung der eigenen Sprache, so positiv sie an sich zu bewerten ist, führt in ein Sprachgetto, das oft den Zugang zur Welt erschwert.

Einer der engsten Mitarbeiter Theodor Herzls, sein Freund der Arzt und Schriftsteller Max Nordau, proklamierte ein »Muskeljudentum«, das sich dann in zionistischen Turn- und Sportvereinen konkretisierte. Heute ist die sportliche Leistung Israels unbestritten. Wie bei anderen Völkern sind auch in Israel die Spitzensportler in Fußball und Korbball mit die populärsten Gestalten der Öffentlichkeit. Nicht mehr die Geisteshelden, die Rekordhelden der Sportplätze beherrschen die Szene.

Der Führer der Zionisten-Revisionisten, Vladimir Seev Jabotinsky, der entgegen anderen Strömungen an der Judenstaats-Ideologie Herzls unverbrüchlich festhielt, ging so weit, zu sagen: »Wir haben ein Recht auf Huren und Verbrecher.«

Er meinte damit, daß die Juden nicht mehr die Musterknaben der Völker stellen müssen, sondern als ein normales Volk im eigenen Lande auch mit Kriminalität rechnen dürfen. Er konnte nicht ahnen, daß sich in relativ kurzer Zeit, im Zuge der Normalisierung, bei den Juden negative Charakterzüge zeigen würden, die vorher völlig unbekannt waren.

Hier soll die Vergangenheit nicht idealisiert werden. Auch frühere Generationen kannten den jüdischen Dieb, den jüdischen

Betrüger, sogar den jüdischen Zuhälter, aber der jüdische Gewaltverbrecher, der jüdische Mörder, war völlig unbekannt. Die alten Verbrechen haben nicht aufgehört, aber neue sind hinzugekommen. Die Normalisierung hat notwendigerweise auch diese Schattenseiten aufzuweisen.

Hinzu kommt, daß weder Theodor Herzl noch die anderen Väter des politischen Zionismus die jüdische Landkarte, das jüdische Volk, wirklich kannten. Sie kannten es fast so wenig, wie das arabische Volk, dem die Einwanderer nach Palästina konfrontiert wurden.

Sieht man sich die Zusammensetzung der zionistischen Bewegung in den Gründerjahren an, so wird man eine intellektuelle Oberschicht aus Mittel- und Osteuropa feststellen können (hinzu kamen einige führende Persönlichkeiten aus Großbritannien, Frankreich, und vor allem aus den Vereinigten Staaten von Amerika) und die breiten Massen des europäischen Ostjudentums.

Das sephardisch-orientalische Judentum aber stand praktisch abseits. Die kleine Gruppe jemenitischer Juden aus Südwest-Arabien wurde als folkloristische Spezialität empfunden, aber die breiten Schichten der jüdischen Bevölkerung aus Nord-Afrika (Algier, Tunis, Marokko) traten erst nach der Staatsgründung Israels 1948 in Erscheinung und bilden heute bereits über 50% der jüdischen Bevölkerung Israels, zusammen mit orientalischen Juden aus Ägypten, Irak, Syrien, Afghanistan, Grusinien (Georgien) bis nach Indien und Äthiopien. Das führte zweifelsohne zu einer grundlegenden Veränderung des iraelischen Typus, im Gegensatz zu dem Bilde des Juden früherer Generationen, das die Ideologen des Zionismus beherrschte.

Der Geburtsfehler des Judenstaates

»Die Juden, die wollen, werden ihren Staat haben und sie werden ihn verdienen«, schloß Theodor Herzl die Vorrede zu seiner Programmschrift »Der Judenstaat«.

Er sah also nur das jüdische Element und er war sich der Richtigkeit seiner Konzeption so bewußt, daß er ein Jahr später 1897 nach Beendigung des ersten Zionistenkongresses in Basel in seinem Tagebuch notierte: ». . . In Basel habe ich den Judenstaat gegründet. – Wenn ich das heute laut sagte, würde mir ein universelles Gelächter antworten. Vielleicht in fünf Jahren, jedenfalls in fünfzig wird es jeder einsehen.«
Diese Notiz erwies sich als wahrhaft prophetisches Wort. Tatsächlich, fünfzig Jahre nach dem Ersten Zionistenkongreß, am 1. September 1947 beschloß die Vollversammlung der Vereinten Nationen die Teilung Palästinas und die Umwandlung des größeren Teiles in einen unabhängigen Judenstaat.
Von der Niederschrift Herzls in sein Tagebuch am 3. September 1897 bis zur Publikation des Berichtes der UNSCOP (United Nations Special Committee on Palestine) am 3. September 1947 waren auf den Tag genau fünfzig Jahre verstrichen.
Trotz dieser frappierenden prophetischen Schau bleibt aber dennoch ein wesentlicher Faktor unberücksichtigt. Nicht der Wille der Juden allein hat zur Entstehung des Judenstaates geführt, so wichtig die politische und vor allem kolonisatorische Vorarbeit des Zionismus war.
Der letzte auslösende Faktor in diesem fünfzigjährigen Prozeß ist der Holocaust, die Vernichtung des größten Teils der europäischen Judenheit in den Jahren der NS-Verfolgung 1933 bis 1945.

Schuld und Sühne

Zwei Jahre nach Beendigung des Zweiten Weltkrieges erkannten die Völker, die ungeheure Schuld, die nicht nur auf Deutschland, sondern auf fast allen Staaten Europas und Amerikas lag. Von Deutschland ging der zügellose Judenhaß aus, der dem Juden die Menschenrechte aberkannte und schließlich sein Lebensrecht verneinte. Von Deutschland griff dieser verheerende Brand auf Österreich über und weiter auf Osteuropa, aber auch

auf alle von den Deutschen besetzten Gebiete, von Holland bis Norwegen, von Italien bis Griechenland. Die furchtbare Ernte von sechs Millionen Toten vermochte das Weltgewissen für einen Augenblick der Geschichte zu erschüttern.
Die Länder, die von der nazistischen Pest verschont waren, verschlossen weitgehend den jüdischen Flüchtlingen ihre Grenzen. Das galt auch für Palästina, das durch Erklärung der sogenannten Balfour-Deklaration von 1917 ein »jüdisches Nationalheim« unter dem Protektorat Großbritanniens werden sollte. Unter dem arabischen Druck verschloß auch die britische Mandatsmacht das Land der Zuflucht vor den heimatlos gewordenen Juden. Jetzt aber, 1947, zeigte, in einem einmaligen Akt, die damals in der UNO vereinigte Völkerwelt, in überwiegender Mehrheit den Wunsch, eine große Geste historischer Wiedergutmachung gegenüber dem jüdischen Volk zu machen: der Judenstaat wurde im geteilten Palästina am 14. Mai 1948 proklamiert.
Noch vor Abzug der britischen Mandatsmacht aus Palästina setzten bereits im Herbst 1947 arabische Angriffe auf das jüdische Siedlungswerk ein, die aber keineswegs als der Anfang, sondern als die verstärkte Fortsetzung des arabischen Widerstandes gelten konnten.
Der arabische Widerstand ist so alt wie der Zionismus selbst. Räuberische Beduinenüberfälle gab es sogar schon in der vorzionistischen Epoche, den Auftakt zu mehr oder minder organisiertem Widerstand aber bildete die Balfour-Deklaration von 1917, in welcher England die Errichtung eines jüdischen Nationalheims garantierte, unter Wahrung der Rechte der bereits ansässigen arabischen Bevölkerung.
Seit Beginn der zwanziger Jahre fanden in regelmäßigen Intervallen von etwa sieben Jahren heftige Ausschreitungen der arabischen Massen gegen die Juden in Palästina statt:
1920 der Überfall auf die galiläische Siedlung Tel-Chai, der Joseph Trumpeldor, einer der markantesten Führer der Pionierbewegung, zum Opfer fiel; 1921 der Pogrom in Jaffa, bei dem der hebräische Schriftsteller Joseph Chaim Brenner ermordet

wurde; 1929 die vom Groß-Mufti von Jerusalem Amin Husseini organisierten Ausschreitungen in Jerusalem und Hebron, dessen jüdische Gemeinde damals völlig ausgerottet wurde.
1936 begann der Generalstreik der Araber, der sich bis Kriegsausbruch 1939, verbunden mit blutigen Unruhen hinstreckte. Während des Zweiten Weltkrieges war unter britischem Druck eine gewisse Atempause zu verzeichnen, aber sofort nach Kriegsende setzten die Unruhen wieder ein.
Sämtliche Untersuchungskommissionen, die Vorschläge zur Beilegung des jüdisch-arabischen Konfliktes machten, stießen auf eine absolut intransigente Haltung der arabischen Wortführer, die sich im Higher Arab Committee und im Obersten Moslemischen Rat formiert hatten.
Die antisemitische Propaganda, die in den Jahren des Dritten Reiches gezielt in alle Welt ging, um die Judenfrage über Deutschland hinaus zu einem Menschheitsproblem zu machen, erreichte auch die Araber, insbesondere die Araber Palästinas, deren Führer der bereits erwähnte Groß-Mufti von Jerusalem, Haj Amin Husseini, offen mit Hitler paktierte und zu ihm nach Berlin floh.
So widersinnig es erscheinen mag, daß die semitischen Araber der antisemitischen Propaganda aufsaßen, so war dies doch der Fall. Hitlers *»Mein Kampf«* und *»Die Protokolle der Weisen von Zion«* erschienen auch in arabischer Sprache.
Es zeigt sich dabei, daß das Wort und der Begriff Antisemitismus (als Ausdruck von Wilhelm Marr um 1879 zuerst gebraucht) irreführend ist. Es hat sich nie um die Ablehnung der Semiten, sondern um den jeweils anders benannten und getarnten Judenhaß gehandelt.
In arabischen Zeitungen erschienen und erscheinen Karikaturen des Juden, die vom »Stürmer« des Julius Streicher inspiriert sind.
Der Haß der Araber gegen die Juden nahm Formen an, die weit über politische Gegnerschaft hinausgingen.
Um diesen elementaren Haß zu verstehen, muß man sich darüber klar sein, daß hier verschiedene Elemente koordiniert wer-

den: der Haß gegen die als fremd empfundenen Eindringlinge in das eigene Land, der Haß gegen die Ungläubigen, der Haß gegen eine zivilisatorisch überlegene Gruppe und schließlich der Haß gegen die in anderen Ländern Verfemten.
Gerade dieses letztere Moment ist von besonderer Bedeutung. Die arabische Propaganda wird nicht müde zu betonen, daß den Juden in Europa tatsächlich Unrecht geschehen ist, daß aber die daran unschuldigen Araber die Rechnung dafür zu bezahlen haben.
Dabei scheut man auch vor Geschichtsklitterungen nicht zurück, betont, daß die Lage der Juden in den moslemischen Ländern immer zufriedenstellend gewesen sei und nur durch den Zionismus (der wiederum die Folge des europäischen Antisemitismus ist) der Bazillus des Judenhasses in die arabische Welt infiltriert worden sei.
Diese gängige Darstellung kann einer geschichtlichen Überprüfung nicht standhalten. Auch in moslemischen Staaten waren (in Jemen bis in die jüngste Vergangenheit hinein) die Juden den Muslemen keineswegs rechtlich gleichgestellt. Allerdings nahmen die Verfolgungen nicht dieselbe Schärfe an wie in den christlichen Staaten des Abendlandes.
Im zwanzigsten Jahrhundert aber wurden die Araber gelehrige Schüler des europäischen Antisemitismus.
So wie der arabische Judenhaß, der durch die Zionistische Bewegung, und schließlich die Gründung des Judenstaates in einem Teile Palästinas, von europäischen Vorbildern inspiriert und dirigiert wurde, so stellt auch die arabische Nationalbewegung unserer Tage (PLO) den *Schatten des Zionismus* dar.
Arafat und die anderen Führer der palästinensischen Freiheitsbewegung gingen ganz in den Fußstapfen der Zionistischen Bewegung – nur in umgekehrter Wegrichtung.
So wie erst durch den Zionismus aus der Judenheit die israelische Nation wurde, so durch die arabische Befreiungsbewegung aus den Arabern Palästinas eine selbstbewußte Nation.
Während aber der Zionismus sich niemals in der Diffamierung der Araber erging, ist die arabische Freiheitsbewegung weitge-

hend auf die Perhorriszierung der Juden abgestellt und versucht erfolgreich den latenten Judenhaß in Europa und Amerika zu wecken.

Der binationale Staat

Es ist leider wahr, daß die Zionistische Bewegung zu wenig mit dem arabischen Faktor rechnete und in kolonialistischen Konzeptionen befangen, sich primär an der englischen Politik orientierte. Allerdings hat *Chaim Weizmann*, Präsident der Zionistischen Organisation und erster Staatspräsident Israels, schon 1918 mit dem Emir Faisal ein Freundschaftsabkommen getroffen und später (auf dem XV. Zionistenkongreß) die Forderung aufgestellt, daß der Zionismus die Freundschaft der Araber anstreben müsse.
Noch weiter ging *Martin Buber*, der bereits zu Beginn der zwanziger Jahre auf dem Zionistenkongreß in Karlsbad darlegte, daß die Großmächte (damals vorrangig Großbritannien) ein wechselnder Faktor in der Weltpolitik sind; der bleibende Pol in der Erscheinungen Flucht aber sind die Araber. Zionistische Politik müsse sich daher – über die Mandatsmacht hinweg – vor allem mit den Arabern ins Einvernehmen setzen.
In Palästina selbst entstand um diese Zeit die kleine Gruppe von jüdischen Intellektuellen, die sich »Friedensbund« nannte, »Berith Schalom«, und schließlich in den vierziger Jahren unter Führung von *Martin Buber* und dem Präsidenten der Hebräischen Universität *J. L. Magnes* in der Gesellschaft »Ichud« (Einheit) das Programm eines binationalen Staates von Juden und Arabern in einem ungeteilten Palästina anstrebte.
Leider blieben diese Versuche ohne praktische Folgen. Auf arabischer Seite hat sich kein entsprechendes Kommittee als Partner formieren können und es entbehrt nicht der Ironie, daß heute, mehr als dreißig Jahre nach der Gründung des Staates Israel, die Führung der PLO mit einem ähnlichen Programm nachzieht, das nun aber geschichtlich überholt ist.

Die Stellung Bubers wird heute oft mißinterpretiert. Er war von Jugend an Zionist und blieb es bis zu seinem Ende, allerdings ein *oppositioneller Zionist*, der den offiziellen Kurs der Leitung ablehnte, und im Sinne seiner *dialogischen Philosophie* auch in der Politik das dialogische Prinzip, hier die Zwiesprache zwischen Juden und Arabern, verfocht.

In seinem *Brief an Gandhi* (1939) schrieb Buber an den Mahatma: »Juden *und* Araber haben Anspruch auf dieses Land (Palästina), aber die Ansprüche lassen sich faktisch miteinander versöhnen, wenn sie nur auf das vom Leben selbst und von einem Willen zur Versöhnung bestimmte Maß zurückgeführt werden, das heißt, wenn sie in die Sprache von Bedürfnissen lebender Menschen für sich und ihre Kinder übersetzt werden.«

Zu diesen menschlichen Kontakten ist es – aufs Ganze gesehen – nicht im nötigen Ausmaß gekommen.

Die Fremdheit zwischen Juden und Arabern wurde nicht genügend abgebaut, so daß die alte Kettenreaktion einsetzte: *Fremdheit* erzeugt *Mißtrauen, Mißtrauen* erzeugt *Haß, Haß* erzeugt *Gewalttat.*

Diese Erfahrung, die das jüdische Volk in der Geschichte seines jahrhundertelangen Martyriums immer wieder machen mußte, setzte sich nun auch im Lande Israel, unter anderem Vorzeichen, fort.

Transformation eines Problems

Überblicken wir die Situation, deren Entstehung wir in Kürze aufgezeigt haben, so ergibt sich das tragische Bild einer *Transformation der Judenfrage*. Der Zionismus erstrebte die Schaffung eines Judenstaates und damit die Lösung der Judenfrage.

Die Schaffung des Judenstaates ist gelungen, aber die Judenfrage ist dadurch nicht gelöst, sondern transformiert und transportiert worden.

Die Transformation besteht darin, daß aus dem Problem einer Minderheit in der Diaspora das Problem einer Mehrheit im

eigenen Staate wurde, aber das Problem hat dadurch nichts von seiner Schärfe verloren.
Der Jude in der Diaspora war und blieb ein nicht integrierbarer Faktor, ein religiös-nationaler Fremdkörper, der immer wieder Randspannungszonen auslöste, in welchen es zu Zusammenstößen und blutigen Verfolgungen bis zur physischen Vernichtung kam.
Der Staat Israel ist heute ein Fremdkörper unter allen Staaten geblieben, insbesondere in der ihn umgebenden Region der arabischen Länder.
So wie der Jude als der Fremde in den Ländern der Diaspora empfunden und verfemt wurde, so wird der Judenstaat inmitten der arabisch-moslemischen Welt als Fremdkörper abgewiesen. Das ist die Transformation des Problems.
Die Transportation des Problems besteht darin, daß ihr Herd sich von Europa nach dem Mittleren Osten verlagerte.
War im ersten Drittel unseres Jahrhunderts Europa der Krisenherd für das Judentum, ausgehend insbesondere von Deutschland, dem Herzen Europas, so ist heute der Staat Israel Ausgangs- und Zielpunkt antijüdischer Aktionen, die sich weit über das Staatsgebiet hinaus in alle Welt erstrecken.
Der Antisemitismus der dreißiger Jahre wandte sich primär, von den radikalen Rechtskreisen nicht nur in Deutschland getragen, zunächst gegen den Juden im jeweiligen Gastland. Wenn der Jude, etwa in Deutschland aufgrund von Herkunft, Sprache und Kultur den Anspruch erhob, als jüdischer Deutscher (oder deutscher Jude) akzeptiert zu werden, stieß er auf kalte Ablehnung. Hingegen konnte man feststellen, – und hier spreche ich aus eigener Erfahrung – daß der Zionist, der sich zum *jüdischen Volkstum* bekannte, und die Lösung der Judenfrage in *Palästina* anstrebte, für völkische Antisemiten ein Gesprächspartner sein konnte.
Der Vulgärantisemitismus zu Beginn des Dritten Reiches bediente sich in der Karikatur sogar gewissermaßen »zionistischer« Losungen. Ich erinnere mich daran, daß auf den Straßen Münchens, damals Hauptstadt der Bewegung, witzige Parteige-

nossen jüdischen Passanten, die als solche erkennbar waren, fingierte Fahrkarten in die Hand drückten: *»Nach Jerusalem und nicht wieder zurück.«*

Aber auch in ernsteren Auseinandersetzungen, unmittelbar *vor* Ausbruch des Dritten Reiches, konnte man in intellektuellen Kreisen der NSDAP eine gewisse Sympathie für den Zionismus feststellen. So führte ich mit einem Redakteur des »Völkischen Beobachters«, Wolf Braumüller in München längere Gespräche über meinen Plan, die Juden in Deutschland als nationale Minderheit anzuerkennen und ihre planmäßige Auswanderung nach Palästina zu unterstützen. Ein publizistischer Entwurf dieses Planes wurde von Braumüller dem damaligen Chefredakteur des »Völkischen Beobachters« *Alfred Rosenberg* vorgelegt, der auch zu Gesprächen bereit war. Die Begegnung fand aber nicht statt, da ich auf die Frage, wer nun hinter mir stünde und welche jüdische Organisation diese Konzeption trage, zugeben mußte, daß es sich hier um die Idee eines Einzelgängers handelte. Das war 1932.

Heute hat sich das Blatt völlig gewendet. Angriffe gegen das Judentum kommen nicht nur von rechtsradikaler Seite, sondern besonders massiv aus den Linkskreisen, getragen von der antiisraelischen Politik der Sowjetunion und ihrer Satellitenstaaten. Man spricht aber nicht mehr von Antisemitismus und Antijudaismus, sondern von Antizionismus und Anti-Israelismus. Nicht mehr der Jude wird abgelehnt, der als jüdischer Deutscher etwa in der Bundesrepublik leben will, sondern der Israeli, der im eigenen Lande als nationaler Jude den Staat Israel mit aufbaut und verteidigt. Es ist, als ob die Geschichte des modernen Antisemitismus zu ihren Anfängen zurückkehrte.

In der Zeit der Aufklärung galt weithin die Devise: »Den Juden als Menschen alles, den Juden als Nation nichts.« Die Neuauflage dieses Toleranzediktes, das den Juden um den Preis seiner Selbstaufgabe akzeptieren will, erleben wir heute. Die Juden, die bereit sind, sich in die Gesellschaft ihrer Umwelt einzufügen, werden nicht mehr ausgeschlossen, aber die Juden, die im eigenen Lande ein Leben der Selbstverwirklichung führen wol-

len, gelten nun als imperialistische Kolonialisten und Rassisten.
Der Jude in der Diaspora, der sich lange Zeit wehrlos dem Martyrium überlassen mußte, wurde als feige verschrien.
Der Jude, der sich im Lande und Staate Israel gegenüber einer ungeheuren arabischen Übermacht erfolgreich verteidigt, gilt als aggressiver Militarist.
Man wird angesichts dieser tragikomischen Entwicklung an ein jüdisches Sprichwort erinnert:
Wenn der Stein auf den Topf fällt, – wehe dem Topf;
Wenn der Topf auf den Stein fällt – auch wehe dem Topf.
Wie immer sich der Jude verhält, bleibt er Zielscheibe des Judenhasses.
Die heidnische Welt in vorchristlicher Zeit verschrie die Juden, dieses klassische Volk der Religion, als Atheisten, da sie keine Götterbilder kannten. Es entstand die lächerliche Sage, daß die Juden im Allerheiligsten im Tempel zu Jerusalem einen Eselskopf verehren.
Nur in Eselsköpfen konnte dieser Irrsinn entstehen, aber das nahm ihm nichts von seiner gehässigen Schärfe.
Das Christentum verschärfte die Situation noch, obwohl im Neuen Testament feierlich proklamiert wird, daß Jesus die Feindschaft zwischen Heiden und Juden abgebaut habe: »Denn er (Jesus) ist unser Friede, der aus beiden *eines* hat gemacht und hat abgebrochen den Zaun, der dazwischen war, nämlich die Feindschaft . . .« (Epheser 2, 14).
Die Feindschaft wurde nicht »abgebrochen«, sondern metaphysisch vertieft durch die Verunglimpfung der Juden als »Gottesmörder«. Damit hat der Judenhaß eine Dimension erreicht, die jedes faßliche Maß übersteigt. Gottesmord kann keine gerechte Sühne finden, muß mit der Vernichtung der Gottesmörder geahndet werden.
Besonders tragisch ist es, daß dieser wahnwitzige Vorwurf von den Juden selbst gar nicht verstanden werden konnte, denn die Vorstellung eines Gottes, der ermordet werden kann, liegt völlig außerhalb des jüdischen Glaubensdenkens.
Natürlich ist dieser Vorwurf auch von der christlichen Theolo-

gie her ganz verfehlt, was aber erst heute langsam in das Bewußtsein der Theologen und noch langsamer in das Bewußtsein der christlichen Gemeinde dringt.
Die Theologie des Kreuzes, wie sie seit Paulus in der Kirche vertreten wird, lehrt gerade das Gegenteil. Das Blut Christi *versöhnt* den Sünder mit Gott. Hier liegt der essentielle Unterschied zwischen dem Blute Abels, das um Vergeltung von der Erde schreit, und dem Blut Christi, das vergossen wurde zur Sühne für Viele (Hebr 12, 24).
In völligem Mißverstehen der eigenen Theologie hat sich die Kirche immer und immer wieder auf die angebliche Selbstverfluchung des jüdischen Volkes in Jerusalem berufen: »Sein Blut komme über uns und unsere Kinder« (Matth 27, 25).
Dem gegenüber bricht sich heute doch die theologische Erkenntnis Bahn, daß diese Selbstverfluchung eines verhetzten Haufens von Anhängern der regierenden Schicht des jüdischen Establishment um den Hohepriester Kaiphas, im Akte eines organisierten Volkszorns, nicht den Juden späterer und spätester Generationen angelastet werden kann.
Vor allem aber ist dieser Selbstverfluchung das hohe priesterliche Gebet Jesu am Kreuze gegenüberzustellen: »Vater, vergib ihnen, denn sie wissen nicht, was sie tun« (Luk 23, 34).
Mit diesem Herrenwort wäre im Sinne christlicher Theologie die Selbstverfluchung aufgehoben, ja in ihr Gegenteil gewandelt, denn das über sie kommende Blut würde erlösend wirken.
Nun ist es überaus bemerkenswert, daß diese christlichen Fehlurteile, die vom 2. Vatikanum[1]) und von zeitgenössischen Theologen verschiedener christlicher Konfessionen revidiert wurden, im Kampfe moslemischer Araber gegen den Staat Israel wieder aufgewärmt werden.
So erklärte König Faisal von Saudien, daß die Juden kein Recht auf Palästina haben, da sie durch die Ermordung Jesu alle Ansprüche verloren hätten.
Es entbehrt nicht einer gewissen Komik, daß der Hüter der

---

1) Vergl. Nostra aetate 4

Heiligsten Stätten des Islam, in Mekka und Medina, die antijüdische Argumentation der Kirche übernommen hat, obwohl Jesus, nach dem Koran, gar nicht wirklich am Kreuze gestoren ist.
Einer der Söhne Faisals, der sein Land in der UNO vertritt, rief im Herbst 1980 Muslime und Christen zum gemeinsamen »Kreuzzug« zur Befreiung Jerusalems von den Zionisten auf.
Wir können also feststellen, daß der Jahrhunderte alte Antijudaismus in der Kirche im Kampf gegen den Zionismus und den aus ihm resultierenden Staat Israel wieder aktiviert wird, was ein weiterer Beweis für die *Transformation des Problems* darstellt.
Der Judenhaß in seiner ganzen Vielschichtigkeit wurde auf den Judenstaat übertragen.
Der religiöse Antijudaismus der Kirche wird von arabischen Christen (und ihren Freunden in allen Kirchen) weiter betrieben. Eine Übertragung auf den Islam ist dabei weiterhin als gefährliches Ferment festzustellen.
Der wirtschaftliche Antisemitismus, wie er im 19. und 20. Jahrhundert, von Stöcker (Berlin) und Lueger (Wien) bis zu Hitler unter der Losung »Kauft nicht bei Juden« auftrat, wurde in Form des *arabischen Boykottes* gegen den Staat Israel und alle Faktoren, die mit ihm in wirtschaftliche Beziehung treten, weitergeführt und überboten.
Der politische Antisemitismus, der die Juden als Fremdkörper aus ihren Gastländern vertreiben will, wurde durch die arabische Politik gegen den Staat Israel gewissermaßen logisch ergänzt. Der Staat Israel gilt nun wiederum als Fremdkörper innerhalb der arabisch-islamischen Region des Mittleren Ostens.
Selbst der Rassenantisemitismus, so merkwürdig sich das anhört, fand im Kampf gegen den Judenstaat seine Neubelebung. Natürlich können die Araber als Semiten nicht einfach die antisemitische Konzeption der minderwertigen semitischen Rasse übernehmen, aber sie konnten die Juden (insbesondere soweit sie aus Europa und Amerika nach Palästina kamen) als fremdstämmig bezeichnen.
Der Judenstaat hat also keineswegs die Wirkung gehabt, die

ihm durch die zionistische Ideologie zugedacht war.
Der Judenhaß wurde, in allen uns bekannten Formen, auf den Judenstaat übertragen, ohne daß der Judenhaß in der Diaspora dadurch abgebaut würde.
Die unheilige Dreieinigkeit: Kapitalismus – Kolonialismus – Zionismus, setzte sich in den Gehirnen der Zeitgenossen fest, wobei der Zionismus nicht mehr als das erkannt wurde, was er seinem Ursprung und Wesen nach ist, die Befreiungsbewegung des jüdischen Volkes; vielmehr wurde der Zionismus als Ausläufer und Trabant des europäischen Kolonialismus und des amerikanischen Kapitalismus gesehen.
Diese Verzerrung führte zu einer Diffamierung des Begriffes Zionismus, der nunmehr mit einem weiteren Tabu assoziiert wurde, mit dem Rassismus.
In Resolutionen der UNO kehrte mehrmals dieser Begriff Rassismus in Bezug auf den Zionismus wieder. Der Zionismus wird so zum Satyrspiel nach der Tragödie des Holocaust.
Für viele ahnungslose Menschen unserer Zeit stellt sich der Ablauf der Geschichte der letzten fünfzig Jahre (1930–1980) nach folgendem Schema dar: Die Juden wurden rassisch diffamiert (Untermenschen einer minderwertigen Rasse), diffamieren nun ihrerseits die Araber und machen sie im Judenstaat zu Bürgern zweiter Klasse oder sogar Parias.
Die Juden wurden aus ihren Heimatländern vertrieben und vertreiben nun die Palästinenser aus ihrem Heimatland.
Es ist für unsere Betrachtung nicht entscheidend, daß diese Analogien eine Verzerrung und Verfälschung der Sachverhalte darstellen, wesentlich ist die unselige Wirkung solcher Vereinfachungen.
In Wirklichkeit hat das Judentum das Rassenprinzip immer abgelehnt, sonst wäre es gar nicht möglich, daß Nichtjuden aller Völker zum Judentum konvertieren konnten und weiter konvertieren. Aus dem klassischen Judentum sei hier nur der Fall der beiden großen Schriftgelehrten aus der Zeit des Zweiten Tempels angeführt, Schemaja und Abtaljon, die Nachkommen des assyrischen Königs Sanherib, also eines Erzfeindes Israels wa-

ren und sich dennoch der größten Verehrung im Volke erfreuten. Hätte es ein Rasseprinzip gegeben, so wären diese Männer diffamiert und untragbar erschienen.
Auch heute gibt es Proselyten aller Rassen. Auch Deutsche findet man in nicht geringer Zahl unter den gegenwärtigen Proselyten in Israel. Mir ist sogar der Fall eines ehemaligen deutschen evangelischen Theologiestudenten bekannt, der als orthodoxer Rabbiner in Israel akzeptiert wurde.
Ein Rassenprinzip ist im heutigen Staat Israel schon deshalb völlig undenkbar, da sich die jüdische Bevölkerung aus Einwanderern von über achtzig Herkunftsländern zusammensetzt, darunter ethnische Gruppen wie die der Jemeniten, die sich in Hautfarbe und Körperbau ganz deutlich etwa von aschkenasischen Juden aus Europa unterscheiden.
Wer durch die Straßen der Städte Israels geht, kann sich von der Vielfalt der »Rassen« überzeugen. Oft sind orientalische Juden (und diese bilden gegenwärtig bereits über fünfzig Prozent der jüdischen Bevölkerung) den Arabern ähnlicher als ihren jüdischen Mitbürgern aus anderen Herkunftsländern.
Daß der Zionismus mit dem Kapitalismus nicht in einem Atem genannt werden kann, wird aus der führenden Rolle der Kibbuzim in Israel und der Histadruth (Gewerkschaft) ersichtlich. Der Kibbuz stellt die Verwirklichung der sozialistischen Gemeinschaft in wirtschaftlichen Kollektiven dar, die weithin über die Grenzen Israels hinaus als Modell sozialistischer Verwirklichung empfunden werden. Freiwillige Helfer aus vielen Völkern nehmen zeitweilig am Leben dieser Gemeinschaften teil und tragen die Botschaft des Kibbuz in die Welt. Dennoch ist der Kreis derer, die durch diese legitimen Emissäre erreicht werden, wesentlich kleiner als die Masse der Unwissenden, die durch Presse, Funk und Fernsehen das Zerrbild eines kapitalistischen Israel eingehämmert bekommt. Auch der Begriff des Kolonialismus ist nicht auf den Zionismus ohne weiteres übertragbar. Es ist zwar richtig, daß der Zionismus die Kolonisation Palästinas als seine praktische Aufgabe betrachtet, aber es geht hier um andere Ziele als im europäischen Kolonialismus.

Die Voraussetzung für Kolonialismus war die Heimatmacht die die Kolonisten trug. Sie fällt im Falle des Zionismus völlig weg, da es sich hier um die nationale Bewegung eines heimatlosen Volkes handelt.

Wesentlich für den Kolonialismus war die soziale Struktur: die Kolonisten bildeten meist die Herrenklasse, während die Eingeborenen die schweren Arbeiten zu verrichten hatten.

Der Zionismus aber ging vom Gedanken einer produktiven Umschichtung der Juden aus, wollte sie zur Urproduktion in Landwirtschaft, Industrie und Handwerk zurückführen. Das hebräische Schlagwort »Avoda Ivrith« (hebräische, jüdische Arbeit) beherrschte in der vorstaatlichen Zeit lange die zionistische Diskussion, in einer Abwehrstellung gegen jüdische Kolonisten der vorzionistischen Epoche, die als kleine Grundbesitzer sich tatsächlich der billigen arabischen Lohnarbeit bedienten.

In seiner romantisierenden Weise sprach Theodor Herzl davon, daß der Zionismus erfüllt sein werde, wenn der jüdische Bauer die Hand an den Pflug legt um ihn über die jüdische Erde zu führen.

Diese Konzeption blieb nicht nur ideal, sondern fand ihre Verwirklichung vor allem in dem Typus des Chaluz, des Pioniers, der jede zum Aufbau des Landes nötige Arbeit auf sich nimmt. Die Pionierleistung der zwanziger Jahre unseres Jahrhunderts, bis zur Staatsgründung, stellte die Voraussetzung für dieselbe dar. Weite Gebiete wurden urbar gemacht, Sümpfe ausgetrocknet und Wüsten bewässert und dies alles mit eigener Hände Arbeit, wobei oft von Männern und Frauen, die aus gehobenen europäischen Verhältnissen kamen, die primitivsten Lebensbedingungen freiwillig ertragen wurden.

Man hat das alles vergessen und übernimmt die Schlagworte einer anti-israelischen und antizionistischen Progaganda, die von Kapitalismus, Kolonialismus und Rassismus im Zusammenhang mit dem Zionismus und dem Staat Israel spricht.

Man sieht also, daß gewisse gängige Grundvorstellungen vom Juden die Wirklichkeit überschatten. Eine alte Erfahrung lehrt uns, daß der mythische Jude stärker ist als der empirische Jude. Der Beweis hierfür ist die Tatsache, daß es Antisemitismus in Ländern geben kann, die keine jüdische Bevölkerung haben oder deren Judenheit so gering ist, daß sie als Faktor des öffentlichen Lebens keine Rolle spielen.
Überaus typisch für die Unwirklichkeit des mythischen Juden scheint mir die Namengebung von zwei solcher Typen: *Ahasver* und *Shylock*. Beide Namen sind völlig unjüdisch. Ahasver, der ewige Jude, der auf eine *Mißdeutung* von Matth 16, 28 zurückgeht, trägt den Namen des Perserkönigs aus dem Esther-Buche, der in dieser biblischen Legende als Gegenspieler des Juden Mordechai erscheint.
Der Name Ahasver oder Ahasverus ist niemals bei Juden vorgekommen, wird aber in der antisemitischen Legende zum Inbegriff des Juden schlechthin. Der wandernde Jude, der unstet und flüchtig über die Erde hasten muß, der die Volksphantasie seit dem 17. Jahrhundert beflügelte, trägt also einen völlig unjüdischen Namen. Das zeigt, wie solche Sicht des Juden aus einem abgrundtiefen Fremdheitsgefühl der Erzähler zur Verfremdung des Juden geführt hat.
Durch diese Mythengestalt des, im Evangelium nirgends erwähnten, Jerusalemer Schusters, der dem kreuztragenden Jesus die Rast vor seinem Hause verweigert hat, legitimierte eine unchristliche Christenheit immer wieder ihre Politik der Vertreibung der Juden von Generation zu Generation.
Ebenso unjüdisch wie der Name Ahasver ist der Name Shylock, der in Shakespeares »Kaufmann von Venedig« als der geld- und blutgierige Jude erscheint, der grausam auf seinem Schein besteht und dem Christen Antonio ein Pfund Fleisch aus der Brust schneiden will. Einen Juden dieser Art hat es wohl nie gegeben. Shakespeare-Forscher vertraten immer wieder die These, daß der Dichter keine Juden kannte und das Motiv aus einer italie-

nischen Quelle übernommen habe, in welcher nicht von einem Juden die Rede ist. Der Name Shylock, den es bei den Juden nie gab, erweist auch hier das aus der Fremdheit geborene Phantasiegebilde, das aber stärker als die Wirklichkeit wirkte. (Auch der Staat Israel konnte daran nichts ändern, so daß in der ägyptischen Presse Ministerpräsident Begin, polemisch als Shylock bezeichnet wurde.)

Über die wahnwitzige Vorstellung der Juden als Gottesmörder haben wir bereits gehandelt und darauf hingewiesen, daß diese Beschuldigung das Wesen des Juden vollkommen verfehlt, da für das jüdische Glaubensdenken ein Gottesmord völlig unvorstellbar bleibt.

Dasselbe gilt für den Juden als Hostienschänder und Ritualmörder. Die Schändung der Hostie, die angeblich von Juden so lange durchstochen wurde, bis das Blut Christi herausquoll, setzt den Glauben an die Realpräsenz Christi im Sakrament der konsekrierten Hostie voraus, den die Juden niemals teilten.

Der den Juden angelastete Ritualmord, der in zahlreichen Prozessen bis in unser Jahrhundert hinein immer wieder als gegenstandslos erwiesen wurde, setzt voraus, daß die Juden Blut von Christenkindern in ihre Mazzen zum Passahfeste verwenden. Stellt man dem gegenüber das strenge Blutverbot in der koscheren Küche, das auf Gen 9, 4; Lev 17, 10–11; und Deut 12, 23 zurückgeht, so wird auch hier deutlich, daß die Verzerrung des Juden aus einer völligen Unkenntnis seiner Glaubenswelt und Lebensweise resultiert.

Besonders tragisch ist die Gestalt des Juden als Wucherer. In der Tat war Jahrhunderte lang im christlichen Mittelalter das Zinsnehmen die einzige dem Juden offene Erwerbsquelle. Nun ist es der grimmige Treppenwitz der Geschichte, daß ein biblisches Gebot der jüdischen Tradition zu dieser anomalen Lebensweise der Juden im christlichen Mittelalter führte.

Obwohl sich die Kirche, gemäß Röm 7, vom Gesetz frei wußte, übernahm sie das biblische Zinsverbot Ex 22, 24; Lev 25, 36 f. und Deut 23, 20 f., obwohl im Neuen Testament (Matth 25, 27) das Zinsnehmen als erlaubt vorausgesetzt ist.

Da in der angezogenen Stelle Deut 23, 20 f. sich das Zinsverbot nur auf den Volksgenossen erstreckt, sahen sich die Juden in der Lage, von Nichtjuden Zinsen zu nehmen und das ihnen von der Kirche und dem Staat gewährte Gewerbe auszuüben, was ihnen den Haß der Umwelt eintrug und das Bild des Juden zum gierigen Wucherer entstellte.
Jean-Paul Sartre hat in seiner bekannten Studie über den Antisemitismus darauf hingewiesen, daß der Jude jeweils das wird, was seine Umwelt aus ihm macht.
Der Zionismus hat versucht, durch die Änderung der Lebensbedingungen des jüdischen Volkes den Typus des Juden zu verändern. Polemisch nannte Theodor Herzl den negativen Juden der Galuth (Diaspora), den er als unproduktiven »Luftmenschen« sah, mit dem antisemitischen Namen »Mauschel« (eine Verballhornung von Mosche, Mose). Dieser Typus sollte im Judenstaat überwunden werden und tatsächlich hat sich in Israel ein neuer Typus gebildet, wenn auch nicht alle Deformationen Jahrhunderte langer Anomalie verschwunden sind.
Kurze Zeit, vor allem nach dem Sechstagekrieg von 1967, schien es so, als ob sich das Bild des Juden durch den siegreichen Israeli völlig gewandelt habe, so daß ein befremdeter deutscher Kritiker fragen konnte, warum der militante Israeli vielen Zeitgenossen weit sympathischer erscheine, als der konziliante Textiljude?
Auch dieser »militante Israeli« war in Wirklichkeit wieder eine Verfremdung. Vorstellungen aus anderen Bereichen wurden hier in einer scheinbar positiven Absicht auf den Juden projiziert und so bildete sich das Schlagwort von dem »Preußen des Mittleren Ostens« für die Juden in Israel.
Obwohl diese Klassifizierung von manchen Kreisen in einem positiven Sinne gemeint war, verstärkte sie die dritte (noch nicht behandelte) Anklage gegen den Zionismus, er vertreibe die Araber aus ihrem Lande Palästina.
Gerade der siegreiche Israeli wird nun als derjenige gesehen, der mit erbarmungsloser Härte die besiegten Araber aus ihrer Heimat verdrängt.

Das arabische Flüchtlingsproblem, das seit dem Jahre 1948, also seit der Staatsgründung Israels, wie ein Schatten über dem zionistischen Aufbauwerk liegt, erhielt nach dem Sechstagekrieg ein neues Schwergewicht in Jerusalem, dessen arabische Bevölkerung nunmehr als heimatlos deklariert wurde.
Im Zusammenhang mit dieser Anklage ist etwas weiter auszuholen. Der Zionismus hat niemals die Vertreibung und Verdrängung der arabischen Bevölkerung aus Palästina verlangt. Während die arabische Propaganda davon sprach, daß die Juden ins Meer getrieben werden müßten, hat sich die zionistische Politik niemals solcher Drohungen befleißigt. Das zionistische Aufbauwerk war als kolonisatorische (nicht koloniale) Initiative in einem schwach besiedelten und unterentwickelten Territorium gedacht.
Schon Theodor Herzl stellte sich in seinem utopischen Roman »Altneuland« (1902) vor, daß die arabische Bevölkerung Palästinas durch das zionistische Aufbauwerk in ihrem Lebensstandard gehoben würde. Dies war und ist auch tatsächlich der Fall, so daß man feststellen kann, daß die wirtschaftlich-soziale Situation der Araber Israels und der besetzten Gebiete weitaus günstiger ist als die der Masse der Bevölkerung in den Israel benachbarten arabischen Staaten.
Allerdings leben noch heute (1980) arabische Flüchtlinge in unwirtlichen Lagern. Diese Flüchtlinge stellen zum Teil bereits eine dritte Generation dar, da die arabische Politik diese Wunde im Volkskörper offen halten will, um so ein immer wieder zu aktualisierendes Argument gegen Israel und den Zionismus zu haben.
Bedenkt man, daß durch den Ausbruch des Krieges von 1948 ein Teil der arabischen Bevölkerung Palästinas, verleitet durch Versprechungen ihrer politischen Führung, aber auch verängstigt durch die Schrecken des Krieges, ihre Heimat fluchtartig verlassen hat, so muß man sich fragen, warum es nicht gelungen ist, diese Flüchtlinge in den Nachbarländern Jordanien, Syrien und Libanon zu integrieren?
Das Gebiet von Palästina, Transjordanien (heute: Jordanien),

Syrien und Libanon stellte jahrhundertelang eine geopolitische Einheit dar und wurde erst nach dem Ersten Weltkriege in englische und französische Einflußzonen aufgeteilt, die schließlich die Grundlage für autonome Staaten bildeten.
Die Bevölkerung dieser Länder stellt eine weitgehende ethnische Einheit dar, so daß die Eingliederung der palästinensischen Flüchtlinge durchaus möglich wäre.
Als Modell bietet sich hier die Integration der deutschen Heimatvertriebenen aus den Ostgebieten an, die längst in der Bundesrepublik Deutschland seßhaft geworden sind und im Wirtschaftsprozeß erfolgreich eingegliedert werden konnten.
Israel hat seinerseits große Massen orientalischer Juden aus Ländern des Islam nach 1948 aufgenommen, so daß de facto eine Art *Bevölkerungsaustausch* stattgefunden hat.
Obwohl Israel sich immer wieder erneut bereit erklärt hat, sich im Zuge eines Verrechnungsverfahrens an der Rehabilitierung der arabischen Flüchtlinge zu beteiligen, wurde von den arabischen Wortführern jede konstruktive Zusammenarbeit abgelehnt.
Heute ist es keine Frage, daß die PLO (Palästinensische Befreiungs-Organisation) sich als Wortführer der palästinensischen Araber international Gehör verschafft hat. Diese Terrororganisation lehnt praktisch die Verhandlungen mit Israel ab, da sie das Existenzrecht dieses Staates bestreitet, ihn als künstliches Gebilde bezeichnet, das schließlich von der Landkarte verschwinden müsse.
(Zeitweilig mäßigt die Führung der PLO in internationalen Gremien ihre Sprechweise und fordert – zunächst – nur die Errichtung eines palästinensischen Staates in den Gebieten von Judäa, Samaria, dem Gazastreifen und Ost-Jerusalem.)
Israel widersetzt sich diesen Forderungen, da es in diesem Palästinenserstaat eine unmittelbare Bedrohung seiner Existenz sieht. So kommt es zu, sich immer wiederholenden, Ausbrüchen der Gewalt, zu terroristischen Anschlägen der PLO und ihrer Zweigorganisationen und zu Vergeltungs- und Präventivmaßnahmen Israels.

Diese Vergeltungs- und Präventivmaßnahmen, die bei jedem anderen Volke als selbstverständliche Äußerungen der Selbstbehauptung und des natürlichen Lebenswillens gewertet würden, erscheinen im Zusammenhang mit Israel regelmäßig unter der Devise *»Auge um Auge, Zahn um Zahn«* (Lev 24, 20).
Das biblische jus talionis wird immer wieder als Maßstab der israelischen Politik dargestellt. Damit wird wiederum eine typologische Struktur aufgedeckt, die aus der klassischen antisemitischen Literatur, ja sogar dem christlichen Antijudaismus der Kirche, bekannt ist.
Dem alttestamentlichen Vergeltungsrecht der Juden wird jene neutestamentliche Feindesliebe konfrontiert, die niemals von christlichen Völkern und Staaten in der Politik bewährt wurde. Wie steht es nun aber wirklich um jenes Talionrecht, das als Richtschnur der israelischen Politik bezeichnet wird?
Während das babylonische Recht des Hammurabi tatsächlich ein ungebrochenes Vergeltungsrecht kannte (wenn ein Haus einstürzte, und die Tochter des Eigentümers erschlug, mußte die Tochter des Baumeisters dafür getötet werden), wurde das Vergeltungsrecht der Bibel von den jüdischen Interpreten, schon zur Zeit Jesu und früher, im Sinne der Wiedergutmachung, des Schadenersatzes, interpretiert.
Diese historische Tatsache scheint weitgehend unbekannt zu sein, so daß man immer wieder von der »alttestamentarischen« (dieses Adjektiv ist ganz falsch; es müßte alttestamentlich heißen) Vergeltungspolitik Israels hören und lesen kann.
Der Typus des rachsüchtigen Juden wird auf den Staat Israel und seine politische Führung übertragen (selbst die humanitäre Politik des »Guten Zaunes« an der libanesischen Grenze, wo Israel der bedrohten christlichen Minorität zu Hilfe eilte, konnte an dieser archetypischen Vorstellung nichts ändern).

Die Erwählung Israels

Zu den schwerwiegenden Argumenten gegen den Staat Israel gehört immer wieder das Dogma von der Erwählung Israels:

Die Juden halten sich für das auserwählte Volk und sind daher allen anderen Nationen gegenüber von einer unerträglichen Überheblichkeit. Der Hochmut, der den Juden in der Diaspora angelastet wurde, wird nun in verstärktem Maße auf den Staat Israel projiziert.

Dieser weit verbreitete Vorwurf ist psychologisch vom Gesetz der Kompensation her zu erfassen. Völker, die sich durch ihr Superioritätsbewußtsein, das oft die Kehrseite eines Minderwertigkeitskomplexes ist, den Juden gegenüber als intolerante Verfolger zeigten, stellen mit besonderem Behagen fest, daß die Juden durch ihr Erwählungsbewußtsein jede »Herrenrasse« in den Schatten stellen.

Das auserwählte Volk war als jüdische Gemeinde unter den Völkern ein Skandalon (Ärgernis) und *blieb* es in der Form des Judenstaates Israel.

Nun soll nicht bestritten werden, daß es in einer Art Vulgärjudaismus tatsächlich oft, vor allem bei *primitiven* Juden, an denen es in Israel nicht mangelt, ein Superioritätsgefühl gegenüber den Gojim, den Nichtjuden, gibt. Dieses Superioritätsgefühl ist nur aus einer dialektischen Ambivalenz heraus zu verstehen. Derselbe primitive Jude, der sich vor allem dem Araber gegenüber überlegen fühlt, ist gleichzeitig oft durch eine gewisse Servilität gegenüber europäischen und amerikanischen Nichtjuden gekennzeichnet. (Eine sehr ähnliche Haltung kann man bei vielen Deutschen feststellen, vor allem in der älteren Generation, die das Dritte Reich noch miterlebt und mitgetragen hat. Einerseits ein nationaler Superioritätskomplex: »Am deutschen Wesen wird die Welt genesen«, andererseits eine oft geradezu peinliche Bereitschaft alles Ausländische nachzuahmen und als höherwertig zu qualifizieren.)

Im Falle des jüdischen Erwählungsbewußtseins ist es aber nötig, die biblische Grundstruktur zu erkennen.

Der kategorische Imperativ Israels lautet: Ihr sollt mir sein ein priesterliches Reich und heiliges Volk (Ex 19, 6). Damit ist dieses Volk sicher überfordert. Es konnte weder in seiner Diaspora-Existenz, noch gar im heutigen Israel diesem Anspruch genügen, so daß diese Forderung als endzeitliche (eschatologische) Zielsetzung verbleibt. Hingegen ist es offenbar, daß schon die älteste prophetische Tradition die Mündigkeit Israels betont: »Aus allen Geschlechtern auf Erden habe ich euch allein erkannt, darum will ich auch an euch heimsuchen alle eure Sünden« (Amos 3, 2).

Derselbe Prophet Amos, der älteste der Schriftpropheten, schärft dem Volke ein, daß seine Erwählung nichts mit einem elitären Bewußtsein zu tun hat: »Seid ihr Kinder Israel mir nicht gleich wie die Mohren? spricht der Herr. Habe ich nicht Israel aus Ägyptenland geführt und die Philister aus Kaphtor und die Aramäer aus Kir?« (Amos 9, 7).

Schon im Pentateuch wird klar statuiert: »Nicht hat euch der Herr angenommen und euch erwählt, weil ihr größer wäret als alle Völker – denn du bist das geringste unter allen Völkern« (Ex 32, 9) – »sondern weil er euch geliebt hat und damit er seinen Eid hielte, den er euren Vätern geschworen hat« (Deut 7, 7–8).

Die spätere leidvolle Erfahrung des jüdischen Volkes hat dazu geführt, daß sich Israel selbst immer wieder in der Gestalt des leidenden Gottesknechtes (Jes 52 u. 53) erkannte, allerdings hat der Staat Israel die Tendenz gezeigt, diese geschichtliche Rolle, die auch abwertend als die des Prügelknaben der Geschichte bezeichnet wurde, zu überwinden.

Im Staat Israel, aber auch im modernen Judentum der Diaspora, ist eine unverkennbare Tendenz zu bemerken, das »Erwählungs-Syndrom« im Prozeß einer nationalen Normalisierung aufzuarbeiten.

Die Erfahrung zeigt, daß das nie ganz gelingt. Die Juden werden immer, sowohl als Minderheit wie als Staatsvolk, als Fremdkörper empfunden. Die Eigenstaatlichkeit, die nun allerdings theokratische Elemente in einer demokratischen Rahmenstruktur aufweist, konnte daran nichts ändern.

Die Einsamkeit Israels, die es in der Diaspora umgab und umgibt, wurde durch den Staat Israel nicht behoben. Schon in der Geburtsstunde der Nation hat dies der heidnische Seher Bileam in die Worte gefaßt: »Ein Volk allein wohnend ist es und unter die Nationen rechnet's sich nicht« (Num 23, 9).
Dieses Leitwort und Leidwort klingt durch die ganze jüdische Geschichte. Es blieb der Exegese immer fraglich, ob es sich hier um Segen oder Fluch handelt. Jedenfalls ist es die klassische Formulierung jener Einzigartigkeit Israels, die seine Einsamkeit bedingt.
Der Zionismus war, wie wir darlegten, der Versuch, die Einsamkeit Israels zu durchbrechen und es zu einem Volk unter Völkern, seßhaft in seinem Lande, zu machen. Dieser Versuch scheint nicht gelungen zu sein.
Zwar ist ein immerhin beträchtlicher Teil des jüdischen Volkes, über drei Millionen, im Lande Israel mehr oder minder seßhaft geworden, aber die Einsamkeit Israels wurde dadurch nicht behoben. Im Rate der Vereinten Nationen ist Israel wieder der Outsider, der sich keinem der bestehenden Blöcke und Gruppierungen zuzählen kann. So wie jüdische Gemeinden in allen Ländern der Diaspora von sichtbaren und unsichtbaren Gettomauern umgeben waren und sind, verbindet auch der Staat Israel wiederum einen nicht integrierbaren Fremdkörper inmitten der Völkerfamilie.
Immer wieder hat Israel versucht, sich an eine Großmacht anzulehnen. Wir können dieses ganz natürliche Bestreben im alten Israel der Bibel feststellen, wo es politische Versuche gab, sich mit Ägypten oder Babylon, den Großmächten der hebräischen Antike, zu verbinden, oft gegen die prophetischen Warnungen – aber alle diese Versuche sind mißlungen, zuletzt der Versuch der Makkabäer (Hasmonäer) durch ein Bündnis mit Rom Juda zu sichern, was schließlich zu seinem Untergang führte.
Auch in moderner Zeit sehen wir dieses Bestreben, sich an eine Großmacht anzuschließen.

Theodor Herzl versuchte mit Hilfe des deutschen Kaisers, Wilhelm II., den Charter für die Großkolonisation in Palästina bei dem türkischen Sultan Abul Hamid in Konstantinopel zu erlangen, was nicht realisierbar war.
Durch den Ersten Weltkrieg trat im Orient die große politische Wende ein, und es war Großbritannien, das als führende Siegermacht das Mandat über Palästina übernahm. Nur im Anschluß an Großbritannien, gestützt auf die Balfour-Deklaration von 1917, schien die Errichtung des jüdischen Nationalheims möglich. Nach dreißig Jahren war auch dieser Traum ausgeträumt. Wir wissen, wie schmerzlich die Lösung von der britischen »Schutzmacht« für die zionistische Führung war.
Nach Errichtung des Staates Israel am 14. Mai 1948 schien es einen Augenblick so, als sei die Einsamkeit Israels durchbrochen. Die beiden Supermächte der Zeit, die Vereinigten Staaten von Amerika und die Sowjetunion, sprachen ihre Anerkennung des jungen Staates aus, und damit waren West und Ost für Israel gewonnen.
Es ist heute fast vergessen, daß es eine sowjetische Botschaft in Israel gab, der alle Ostblockstaaten ihre diplomatischen Vertretungen nachfolgen ließen. Auch die Dritte Welt fehlte nicht, afrikanische Staaten errichteten ihre Botschaften sogar in Jerusalem.
Das alles gehört der Vergangenheit an, die heute bereits so ferngerückt erscheint als seien Generationen vergangen. Nur für eine kurze Atempause der Geschichte schien die Einsamkeit Israels aufgehoben zu sein.
Der Sechstagekrieg von 1967, der für Israel so wunderbar siegreich im miltärischen Sinne ausging, brachte politische Niederlagen, die Israel erst vom Ostblock und schließlich auch von der Dritten Welt isolierten.
Nach dem Jom Kippur-Krieg vom Oktober 1973 verstärkte sich die Einsamkeit Israels abermals. Die Welt sah nicht, oder wollte nicht sehen, daß sich am heiligsten Tage des jüdischen Jahres ein mörderischer Überfall auf den jungen Staat Israel ereignet hatte.

In dieser Verlassenheit hielt Israel wieder Ausschau nach Verbündeten und fand eigentlich nur das Judentum der Diaspora, das bedingungslos zu Israel stand.
So wie der Judenhaß sich im Haß gegen den Judenstaat erneuerte, so erneuerte sich auch die jüdische Solidarität der Jahrhunderte, die immer wieder böswillig als jüdische »Weltverschwörung« verzerrt dargestellt wurde.
Chaim Weizmann, der erste Präsident des Staates Israel, hatte noch als Präsident der Zionistischen Weltorganisation erklärt, daß der Zionismus nur in einer Atmosphäre des internationalen Wohlwollens gedeihen könne. Von internationalem Wohlwollen gegenüber dem Staate Israel ist heute kaum mehr etwas zu spüren.
Auch von der an sich problematischen, von unverkennbarem Mitleid getragene Haltung gegenüber Israel, als dem Staat der Flüchtlinge, ist nicht mehr viel zu spüren. Typisch scheint mir dafür, daß im Herbst 1980 eine Gruppe junger deutscher Parlamentarier nach Israel eingeladen wurde, um diesen Nachwuchspolitikern die spezifische Relation zwischen Israel und Deutschland vor Augen zu führen. Unabhängig von ihrer Parteizugehörigkeit sahen diese jungen Politiker den Staat Israel zunächst losgelöst von seinem geschichtlichen Hintergrund. Das kann einerseits als Bewältigung der Vergangenheit interpretiert werden, führt aber andererseits zu Fehlhaltungen einer kollektiven Verdrängung.
Man sieht an diesem Beispiel, wie vielschichtig das Probelm ist. In seinem Bestreben, die Einsamkeit Israels zu durchbrechen, blickte dieses wiederum nach einem großen Bundesgenossen aus, und mehr und mehr orientierte sich die Politik Israels ausschließlich auf die USA, was zu weiteren Isolierungen einerseits und unvermeidlichen Enttäuschungen andererseits führte.
Die Grundstruktur blieb unverändert: ein einsames Israel, das sich an eine Schutzmacht anlehnen will und muß, also der *Schutzjude* – auch in der gewandelten Form des Judenstaates.
In den fünfziger Jahren erschien ein Sammelwerk ehemaliger kommunistischer Intellektueller *»The God that Failed«*. Rückblik-

kend sprachen hier europäische Autoren, unter ihnen bedeutende Schriftsteller wie André Gide, von ihrem *ausgeträumten Traum* einer sozialistischen Gesellschaft und einer Sicherung des Friedens durch den Kommunismus, wie er sich in der Sowjetunion historisch konkretisierte.

Unter den Autoren dieses Sammelwerkes war auch *Arthur Koestler*, der genau genommen, *zwei* Götter zu begraben hatte, den Zionismus und den Kommunismus, denn bevor er sich dem letzteren verschrieb, gehörte er (in Palästina!) dem radikalen Flügel der Zionisten-Revisionisten an, die in der Errichtung des Judenstaates die allein mögliche Lösung der Judenfrage sahen.

Ist der Zionismus, ist der Staat Israel wirklich eine politische Fehlentscheidung, die den Judenhaß nicht zu bannen vermochte?

Ein Blick auf die gegenwärtige Situation mag zu einer solchen Resignation führen.

Hat der Staat Israel letztlich nur erwiesen, daß das Judenproblem nicht lösbar ist, wie bereits in einer vorangehenden und auch wiederum parallelen Phase sich der Kommunismus als unfähig erwiesen hat, die Judenfrage zu lösen, obwohl dies im Rahmen der klassenlosen Gesellschaft als natürliches Nebenprodukt verhießen war.

Eine jahrzehntelange Erfahrung hat gezeigt, daß die kommunistischen Staaten das Judenproblem ihrer Länder nicht zu lösen vermochten.

Der klarste Beweis dafür ist die immer drängendere Auswanderung von Juden aus der Sowjetunion. Aber gerade diese Auswanderung zeigt auch die Problematik der zionistischen Lösung.

Ein Großteil der Auswanderer aus der Sowjetunion, die auf Visa des Staates Israel Rußland verlassen konnten, sind an der ersten Transitstation in Wien abgesprungen. In weiteren Transitstationen, in Italien, erwarteten sie (mit Hilfe jüdischer philanthropischer Organisationen Amerikas) die Weiterreise nach den USA. Eine nicht geringe Zahl setzte sich auch nach West-Berlin ab.

Diese Erscheinung zeigt, daß für viele Juden die Diaspora die natürliche Lebensform darstellt. Es ergibt sich die paradoxale Situation, daß die unnatürliche Lebensform zur natürlichen wird.
Bedenkt man, daß das jüdische Volk im Laufe seiner Geschichte wesentlich länger in der Diaspora lebte als im eigenen Lande, so findet sich auch für diese heute erkennbare Pathologie eine historische Motivierung.
Die Juden aus der Sowjetunion, die den Weg nach den USA statt nach Israel wählen, schleppen natürlich den Bazillus des Antisemitismus in ihre neue Umgebung ein, da sie als Fremdkörper empfunden werden.
Auch das immer ernster werdene Problem der *Abwanderung aus Israel*, die zeitweilig die Einwanderung übertrifft, ist in diesem Zusammenhang wesentlich. Auswanderer aus Israel, die sich vor allem in den USA, aber auch in Europa, breit machen, sind wiederum Erreger des Antisemitismus, der nun in unmittelbaren Zusammenhang mit dem Staat Israel gebracht wird, da der neue Störungsfaktor aus dem Judenstaat kommt.
Das starke Anschwellen des Antisemitismus in Frankreich nach dem Zweiten Weltkriege hängt zweifellos damit zusammen, daß große Massen von Juden aus Algerien seit 1961 das Land verlassen haben und nach Frankreich flüchteten, dessen Staatsangehörigkeit sie besaßen. Als im Juli 1962 Algerien unabhängig wurde, verblieb nur ein ganz geringer Rest von Juden dort. Ein relativ geringer Teil hatte sich nach Israel abgesetzt.
Das Tragische in dieser Situation ist die offensichtliche Ausweglosigkeit. Hat die jüdische Wanderung den Staat Israel zum Ziel, so löst das je und je Protest und Terror von arabischer Seite aus. Dabei finden die arabischen Terroristen nur allzu oft die Unterstützung europäischer Linkskreise. So konnte man Ende der sechziger Jahre bei den Studentenrevolten in Frankreich und Deutschland den Vers vermerken:

Schlagt die Zionisten tot
Macht den Nahen Osten rot.

Dieses Schlagwort und Totschlagwort erinnert unverkennbar an das Nazilied: »Wenn's Judenblut vom Messer spritzt . . .«

Wählt die jüdische Wanderung aber Amerika oder Europa zum Ziele, so hat das wiederum die alten Formen des Antisemitismus zur Folge. Während der Antisemitismus der dreißiger Jahre aber dem Juden den Ausweg nach Palästina zubilligte, gilt jetzt gerade dieser Weg in weiten Kreisen als verwerflicher Irrweg. So ist etwa den Juden Syriens und anderer moslemischer Länder die Auswanderung nach Israel gesetzlich verboten.

Fazit und Ausblick

In dem Versuch, ein Fazit der ersten drei Jahrzehnte des Judenstaates als Lösung der Judenfrage zu ziehen, stellt sich uns die unabdingbare Forderung einer *Revision des Zionismus.*

Die ursprüngliche Konzeption, die im Judenstaat die Lösung der Judenfrage sah, ist durch die geschichtliche Entwicklung in Frage gestellt.

Das arabische Problem als der Schatten der Judenfrage ist sichtbar geworden. Die Palästinenser bezeichnen sich selbst heute als die »Juden des Mittleren Ostens«, da sie nun ihrerseits ein nicht integrierbares Element geworden sind und so das jüdische Erbe unfreiwillig antreten mußten.

Eine Lösung des Problems kann nur in einer Politik gefunden werden, die versucht, die beiden Elemente, das jüdische und das palästinensisch-arabische, zu integrieren.

Wenn es gelingt, in einem Föderativstaat Juden und Araber im Gesamtgebiet des ehemaligen Mandatsbereiches Palästina anzusiedeln, ist ein Ausgleich möglich.

Als Vorbild bietet sich immer wieder die Eidgenossenschaft der Schweiz an, worauf bereits vor Jahrzehnten Chaim Weizmann aufmerksam gemacht hat. In der Schweiz gibt es Kantone verschiedener Sprachen (deutsch, französisch, italienisch und romanisch) und verschiedener Konfessionen (Reformiert und Katholisch) und dennoch werden diese Kantone im Rahmen der Eidgenossenschaft zusammengehalten.

Wenn es durch eine ähnliche Kombination zu einer israelisch-

palästinensischen Föderation käme, würde der Unruheherd in dieser Region entschärft. Damit könnte sich das Ventil des Judenhasses öffnen und eine allgemeine Befriedung einsetzen.
Der Weg zu einer solchen Lösung, die auch von besonnenen arabischen Sprechern immer wieder vorgeschlagen wird, scheint noch weit und dornenreich zu sein. Die Notwendigkeit, eine Lösung in diesem Bereich zu finden, muß aber immer wieder der Ansporn für konstruktive Neuansätze sein.
Der Judenstaat ist heute keine Forderung mehr, sondern eine Realität. Er kann aber nur dann zum Abbau des Judenhasses beitragen, wenn er eine Politik des Ausgleichs mit den arabischen Forderungen betreibt, was nur mit Hilfe der öffentlichen Meinung in Ost und West möglich ist. Die Konstellation von 1948 kann nicht einfach wiederholt werden, aber die Erfahrung dieser Atempause der Geschichte darf uns doch mit der Hoffnung erfüllen, daß es der vereinten Vernunft gelingen wird, das Lebensrecht beider Völker, des jüdischen und des palästinensischen, zu sichern und damit ein Zeichen zu setzen für die Kraft des Friedens.

Ende und Erbe des deutschen Judentums

Die neue Nummer des Bulletins des Leo-Baeck-Institutes (Nr. 58/1981), die jetzt im Jüdischen Verlag der Athenäum-Gruppe, Königstein i. Taunus erscheint, bringt als Einführungsaufsatz einen Essay von Julius Guttmann »Das geistige Erbe des deutschen Judentums«.
In einer Fußnote heißt es: »Der hier erneut zum Abdruck gebrachte Aufsatz von Julius Guttmann erschien 1939 in der heute nur schwer auffindbaren »Jüdischen Weltrundschau«, die Robert Weltsch von März 1938 bis Mai 1940 in Jerusalem als Wochenzeitung herausbrachte. Die in ihrer prägnanten Ausdrucksweise geradezu klassische Darstellung des großen Philosophen, dessen hundertster Geburtstag sich 1980 jährte, schien uns in hervorragender Weise geeignet, die neue Folge des Bulletin einzuleiten.«

Kräfte der Gegenwart

Vor über vierzig Jahren ging Julius Guttmann davon aus, daß das Ende des deutschen Judentums durch die nationalsozialistische Verfolgung gekommen war, daß aber das Erbe des deutschen Judentums sich fortsetzen würde. Er sah ganz richtig voraus, daß diese Erbschaft vor allem in Amerika und in Erez Israel angetreten würde und er schloß seine Darlegungen mit einem »Ausblick« überschriebenen Absatz, in welchem es heißt: »Nicht nur die Schöpfungen seiner Vergangenheit werden fortdauern, auch die Kräfte seiner Gegenwart werden im jüdischen Gesamtleben weiterwirken. Sicherlich nicht ohne tiefgehende Wandlungen, die sich aus der Verpflanzung auf anderen Boden und aus der Berührung mit anderen Formen jüdischen Lebens ergeben müssen. Das gilt in erster Reihe für die Berührung mit dem östlichen, vor allem dem osteuropäischen Judentum. Die weitere Entwicklung des Judentums, insbesondere in Erez Isra-

el, hängt zu gutem Teil davon ab, ob es zwischen beiden zu einer fruchtbaren Auseinandersetzung kommt.«
So sah ein wacher Geist wie Julius Guttmann die Situation vor vierzig Jahren. Die Redaktion des Leo-Baeck-Instituts-Bulletins hätte gut daran getan, in der zitierten Fußnote darauf hinzuweisen, daß sich die Situation völlig geändert hat, daß ein Faktor in das jüdische Leben getreten ist, der damals noch nicht erkennbar war, der aber heute nicht mehr verkannt werden darf. Es ist typisch für eine gewisse Geisteshaltung, von Kreisen, die zu sehr an das Gestern attachiert sind, daß sie diesen Wandel noch immer nicht in seiner Tiefe und Bedeutung voll erkennen.

Orientalisches Element

Das neue Element, dem wir nunmehr in der jüdischen Szene begegnen, ist das orientalische, vor allem aber auch nordafrikanische Judentum, das wir kaum kannten und daher zu wenig beachteten. Es meldet sich heute lautstark zu Worte, zuletzt im Ringen um die Führung in der israelischen Oppositionspartei des Maarach, der Arbeiterbewegung. Die orientalisch-afrikanischen Kreise sind nicht mehr bereit, sich der aschkenasischen Führung zu unterstellen.
Der Gegensatz zwischen ost- und westeuropäischem Judentum, zwischen deutschem und russisch-polnischem Judentum, tritt demgegenüber in den Hintergrund, da diese »Judentümer« unter den Begriff der »Aschkenasim« zusammengefaßt werden.
Auf der anderen Seite verwischen sich die Unterschiede zwischen den ursprünglich sephardischen Gemeinschaften, die sich unter dem Sammelbegriff »Ejdot Hamisrach« selbst verstehen.

Allmählich die Majorität

In Israel bildet diese in sich wiederum pluralistische ethnische Gruppe allmählich die Majorität, während das amerikanische

Judentum aschkenasisch dominiert und geprägt ist, so daß sich zusätzlich zu allen anderen Motiven, auch aus diesem Grund der Gegensatz zwischen Israel und der Diaspora vertieft. Während im amerikanischen Judentum das Erbe des deutschen Judentums spürbar blieb, sinkt durch die orientalisch-afrikanische Struktur-Priorität dieser Erbeinfluß in Israel fast bis zur Bedeutungslosigkeit herab.
Nur in der gewissermaßen »pädagogischen Provinz«, wie sie in der zweiten Augusthälfte in dem Jerusalemer Kongreß für jüdische Wissenschaften sichtbar wurde, hat sich auch in Israel noch etwas vom Erbe des deutschen Judentums in Forschung und Lehre, Methode und Stil erhalten. Die in Deutschland zu Beginn des 19. Jahrhunderts begründete »Wissenschaft des Judentums« ist hier in ihrer letzten Ausuferung noch zu bemerken. Das amerikanische Judentum hat die in Deutschland begonnene Aufteilung in Orthodoxie, liberales und konservatives Judentum im wesentlichen übernommen, wobei der Liberalismus allerdings in der jüdischen Reformbewegung Amerikas eine Radikalisierung erfahren hat, die dem deutschen Judentum nur ganz randhaft zu eigen war.

Religiös und säkular

In Israel aber ist diese sinnvolle Aufgliederung nicht bodenständig geworden. Hier unterscheidet man nur ein religiöses und ein säkulares Judentum, wobei religiöses Judentum mit Orthodoxie identifiziert wird, die wiederum in drei deutlich voneinander geschiedene Strömungen zerfällt: Charedin (Ultraorthodoxe), Agudat Israel mit ihrem bestimmenden »Rat der Thoragrößen«, und die Religiös-Nationale Partei der zionistischen Orthodoxie, die im Oberrabbinat ihre höchste geistliche Instanz sieht.
In diesem Oberrabbinat gewinnt heute auch das orientalisch-afrikanische Element mehr und mehr an Oberwasser. Der Anteil der sephardischen Rabbiner an der Synode des Oberrabbi-

nates wurde erhöht und der sephardische Oberrabbiner Obadja Joseph genießt in den ultraorthodoxen Kreisen ein höheres Ansehen als der aschkenasische Oberrabbiner Schlomo Goren, selbst wenn dieser versucht, den Ultraorthodoxen zum Munde zu reden.
Ein Einfluß des Erbes des deutschen Judentums ist in diesem Oberrabbinat nicht zu merken.
Die politischen Parteien in Israel sind durchwegs aschkenasische Gründungen und Organisationen, wobei wiederum das Erbe des deutschen Zionismus völlig verschwunden ist. Der letzte Ausläufer war wohl die Partei der Unabhängigen Liberalen, die über die Progressive Partei aus der von deutschen Juden gegründeten Alija Chadascha hervorgegangen ist. Bei den Wahlen zur Zehnten Knesset am 30. Juni 1981 konnte diese Partei nicht mehr in die Knesset gelangen.
In den anderen Parteien aber kam es zur deutlichen Revolte der orientalisch-afrikanischen Kreise. Von der RNP spaltete sich die marokkanisch dominierte Partei Tami ab, geführt von dem damaligen Religionsminister Aaron Abuchazira, bei der linksradikalen Partei Scheli verdrängte Charlie Biton den aus Deutschland stammenden Uri Avneri. Die Agudat-Israel erlitt Mandatsverluste, weil es ihr nicht gelungen war, das orientalisch-afrikanische Element zu integrieren, und beim Maarach brach nach den Wahlen die Revolte aus, die wir eingangs erwähnten. Nur im Likud ist es der charismatischen Führungsgestalt Begins gelungen, den antiaschkenasischen Affekt zu bannen und durch den um jeden Preis festgehaltenen David Levy einen Vertreter der heraufkommenden Schichten ins Rampenlicht zu stellen.

Unbekanntes Erbe

Man muß sich darüber klar sein, daß das Erbe des deutschen Judentums in diesen Kreisen völlig unbekannt geblieben ist, so wie wir andererseits das orientalisch-afrikanische Judentum erst viel zu spät auf der jüdischen Landkarte entdeckt haben.

Wird es möglich sein, in diese veränderte Situation noch etwas vom Erbe des deutschen Judentums durchzuretten?
Man muß dieser Frage mit großer Skepsis begegnen und trotzdem den Versuch machen, etwas von dem, was uns geformt und gebildet hat (dies in beiden Bedeutungen des Wortes), in die neue Situation einzubringen.
Wir stehen mitten im Kulturkampf. Obwohl er immer wieder verschoben werden sollte, hat er begonnen. Im Ringen um die Freiheit der archäologischen Forschung wurde ein neuer Kulminationspunkt dieses Kulturkampfes sichtbar, der eigentlich ein Kampf um Kultur gegen Unkultur ist.
Gerade in den intellektuellen Kreisen der orientalisch-afrikanischen Schichten aber ist eine gewisse Bereitschaft zur Liberalität (die oft von einem unverkennbaren Levantinismus überrundet wird) zu erkennen. Diese nicht gering zu achtenden Intellektuellen jener ethnischen Gruppe sind im Sinne des Erbes des deutschen Judentums anredbar. Ihnen kann klar gemacht werden, daß nicht ein unheilbarer Riß zwischen orthodoxen und säkularem Judentum das Volk in Israel aufspalten muß, daß es andere, gemäßigte religiöse Positionen zwischen beiden Extremen gibt. Diese Positionen einer weltaufgeschlossenen, kulturbejahenden Religiosität wurde im deutschen Judentum vorgelebt. Solches Erbe soll und darf nicht verloren gehen. Es in das neue jüdische Jahr 5742 einzuführen, ist der Mühe eines groß angelegten Versuches wert.
Es ist an uns, nicht aufzugeben, so lange die Dinge noch im Fluß sind und eine neue Alternative entschärfend wirken könnte.

Wie werden wir, die wir sind?[1])

Martin Buber schloß seine 1951 gehaltene Rede »Judentum und Kultur« im Blick auf die Wurzeln unserer jüdischen Existenz mit den Worten:

»Erkennen wir uns selber: wir sind die Hüter der Wurzeln.
Wir sind es. Wie können wir es werden?
Wie werden wir, die wir sind?«

Mit dieser Frage scheint mir die Existenz des heutigen Juden – und damit auch meine eigene – klar umrissen.

Mein Judentum habe ich im Laufe meines Lebens als das Vorgegebene und Aufgegebene empfunden. Jude ist man sicher von Geburt. Die Halacha, das kanonische Recht des Judentums, statuiert: Jude ist, wer von einer jüdischen Mutter geboren wird. Damit ist wohl die Herkunft, in mutterrechtlicher Urtümlichkeit umrissen, aber noch nichts über die geistige Gestalt der Existenz ausgesagt.

Es mag frappierend wirken, daß das Gesetz die Volkszugehörigkeit zu Israel von den Müttern herleitet, wie dies auch Paulus in bezug auf Jesus tat: »Vom Weibe geboren und unter das Gesetz getan.« In dieser knappen Aussage des Pharisäers Saul aus Tarsus ist aber der zweite Teil nicht zu übersehen: unter das Gesetz getan, das meint der Thora unterstellt. Die Thora, sicher mehr als Gesetz, Weisung, Führung im Leben, will erlernt werden. Das war in den Jahrtausenden Israels primär das Männerwerk, so daß die geistige Existenz von den Vätern herrührt. Der betende Jude ruft den Herrn mit den Worten an: »Unser Gott und Gott unserer Väter.«

Ein großer jüdischer Dichter des Wiener Kreises, Richard Beer-Hofmann, schrieb in seinem berühmten »Schlaflied für Mirjam« im Jahre des ersten Zionistenkongresses 1897:

Ufer nur sind wir, und tief in uns rinnt
Blut von Gewesenen – zu Kommenden rollts.

---

1) *Süddeutscher Rundfunk. Sendereihe MEIN JUDENTUM*

Blut unsrer Väter, voll Unruh und Stolz.
In uns sind Alle. Wer fühlt sich allein?
Du bist ihr Leben – ihr Leben ist dein – –

In diesen Versen ist das Generationsbewußtsein artikuliert, das das Wesen jüdischer Tradition und damit jüdischer Existenz ausmacht. Das Tradieren, das Weitergeben eines Heilsgutes, verbürgt allein die Dauerkraft des Judentums. Wo dieses Heilsgut aber aus dem Bewußtsein geschwunden ist, also bei dem assimilierten Diasporajuden unserer Zeit oder bei dem säkularisierten und »normalisierten« Israeli der Gegenwart (auch bei ihm!) wird diese Existenz fraglich, weil sie nicht mehr hinterfragt wird.

Das Volksbüchlein der Passah-Nacht, die Haggada, spricht gleichnishaft von vier Söhnen, vier Typen: dem Klugen, dem Bösen, dem Einfältigen und dem, der nicht zu fragen versteht. Dieser vierte Sohn der Haggada scheint mir typisch für die Situation des heutigen Judentums. Der Jude, der nicht mehr zu fragen versteht, der nicht mehr die Grundfrage nach Sinn und Aufgabe seiner jüdischen Existenz stellt.

Vor einem halben Jahrhundert, in den Monaten August bis Oktober 1927, schrieb der französisch-jüdische Schriftsteller Edmond Fleg sein kleines Bekanntnisbuch »Warum ich Jude bin«. Es ist in der Form eines Schreibens an seinen noch ungeborenen Enkel gehalten, dem er das Vermächtnis der Väter weitergeben wollte. Flegs Fragestellung ist heute weithin unbekannt. Wir tragen an dem unseligen Erbe einer grauenvollen Vergangenheit des Holocaust, der NS-Verfolgungen von 1933–1945 zu schwer. Die »Endlösung der Judenfrage« hat in den Wohnungen des Todes, in Auschwitz, Maidanek, Treblinka und all den anderen Schreckensorten nicht nur Millionen Juden vernichtet, sondern für Millionen Juden das Judentum vernichtet. Diese Endlösung hat dem Juden sogar die Würde des Martyriums geraubt, die ihm noch die Kreuzfahrer und die Inquisition belassen haben. Die namenlose Masse, die für die Gasöfen bestimmt war, wurde nicht auf ihr jüdisches Bekenntnis hin befragt. Die Karmeliternonne Edith Stein wurde ebenso vergast wie ein chassidischer Rabbi, ein begeisterter Zionist oder ein deutscher Jude, der noch 1914 bekannte: »Deutschland muß leben, auch wenn wir sterben müssen.«

Das Judentum wurde so zu einer ethnischen, ja »rassischen« Einheit degradiert und das schlug nach innen, so daß viele Juden von heute ihr Judentum nur noch als das Vorgegebene und nicht mehr als das Aufgegebene erkennen.

Es ist aber nicht richtig, daß man Jude nur durch die Geburt wird. Die immer häufiger werdenden Fälle von Konversionen zum Judentum, in Israel und in der westlichen Diaspora, zeigen, daß es auch den Weg ins Judentum gibt, wobei dieses primär in seiner Sinnhaftigkeit erfaßt und erfahren wird. Für den Juden ist das Judentum die mit ihm geborene Aufgabe. Für den Nichtjuden *kann* das Judentum, dieses »unbekannte Heiligtum« (Aimé Pallière) eine ferne Möglichkeit sein.

Ich spreche hier nicht theoretisch, sondern aus Erfahrung, kenne Menschen aus verschiedenen Völkern, Deutsche und Skandinavier, Holländer und Japaner, weiße und schwarze Amerikaner, die Juden wurden und ein erfülltes jüdisches Leben führen, dem lauen Juden zum Stachel und Vorbild. Auch das gibt es.

Was ist ihnen gemeinsam, den geborenen und den gewordenen Juden? Das Prinzip der Individuation. Es kommt darauf an, die Möglichkeiten zu entfalten, die in uns liegen. Das scheint mir der Sinn des Lebens zu sein. Des menschlichen Lebens im allgemeinen und des jüdischen Lebens im besonderen. Hier nun geht es um die Entfaltung der jüdischen Möglichkeit.

Israel ist das Bundesvolk Gottes. Der Bund ist Stern und Kern jüdischer Existenz. Die Legende spricht davon, daß beim Bundesschluß am Berge Sinai alle Generationen Israels versammelt waren: die früheren, bis zurück zu Abraham, dem Vater des Glaubens und des Glaubensvolkes; die damals lebende Generation des Exodus – und alle kommenden Geschlechter Israels bis in die Tage des Messias hin. Das ist die Una Sancta Israels, die als ein Objektives vorgegeben bleibt, die aber immer wieder in das Bewußtsein der jeweiligen Generation und jedes Juden gehoben werden muß.

Auch am Sinai standen noch andere, ein bunter Haufen von Hergelaufenen, die sich den ausziehenden Stämmen Jakobs angeschlossen hatten. Auch sie wurden nun in das Licht des Bundes gestellt, und tasten sich zurück zu dem Israelfunken, der noch heute (und gerade heute) in ihrer Seele glüht.

Auch in meiner Seele war der Funke *fast* erstickt. Der kalte Wind des Hasses blies hinein und ließ den Funken auflodern und zu einem Feuer werden, das weiterbrennt und brennen wird – so lange ich lebe.

Es war das Jahr 1923 in meiner Vaterstadt München, als der Hitlerputsch die Juden der Isar-Metropole erzittern ließ. Auch bei uns, in meinem kleinbürgerlichen Elternhaus, verschloß man Fenster und Türen, duckte sich, hielt sich still – bis der Sturm vorüber war. Ich war damals ein Knabe von zehn Jahren und erlebte diesen Schrecken tiefer als mir zunächst bewußt sein konnte. Die Sinnfrage brach in mir auf: Warum? Warum werden wir gehaßt? Warum will man uns ans Leben? Warum sind wir anders als unsere Nachbarn? Fragen über Fragen drangen aus mir und in mich ein. Ich bekam keine zureichenden Antworten. Ich wußte wohl, daß wir Juden waren, aber das hatte wenig spezifische Inhalte. Ich habe Milieu und Situation im ersten Teil meiner Autobiographie »Jugend an der Isar« beschrieben und kann hier nur zusammenfassend sagen: die Paradoxie der assimilierten deutschen Juden, die man spöttisch als Dreitagejuden bezeichnete, war auch der dialektisch spannungsreiche Grund und Hintergrund meiner Kindheitsjahre. Dreitagejuden sagte man, da Juden unserer Prägung sich praktisch nur an drei Tagen des Jahres, an den beiden Neujahrstagen im Herbst, Rosch Haschana genannt, und am darauffolgenden Versöhnungstag, dem Jom Kippur, ihres Judentums inne wurden.

Im übrigen feierte man die Feste wie sie fielen, die Feste der Umwelt, vor allem Weihnachen – und in der Weihnachtsnacht des Jahres 1928 fiel für mich die Entscheidung. Ich wollte dieses Fest, das für uns keineswegs die Botschaft von der Menschwerdung Gottes in der Krippe von Bethlehem beinhaltete, (man stand dem Christentum wohl noch ferner als dem Judentum), sondern nur Ausdruck einer gedankenlosen Angleichung an die Formen der umgebenden Wirklichkeit war, nicht mehr mitfeiern. Ich hatte erkannt, daß ich den Weg nach Innen anzutreten hatte, den Rückweg ins Judentum.

Diese Heimkehr führte paradoxalerweise in den Verlust des Heims. Ich verließ mein Elternhaus, stand ratlos in der Winternacht auf der Straße und fand Zuflucht im Hause einer jüdisch-orthodoxen Familie, mit deren Sohn ich befreundet war.

Nun begann für mich das, was ein großer Heimkehrer in das Judentum, Franz Rosenzweig, den »Salto mortale in die Welt des Schulchan Aruch« genannt hat. (Der Schulchan Aruch ist der berühmte rabbinische Kodex des Joseph Karo aus Safed aus dem 16. Jahrhundert, der bis heute für die jüdische Orthodoxie als normativ gilt.)

Ein Salto mortale ist immer ein halsbrecherisches Kunststück. Wenn ich mir dabei auch nicht den Hals brach, so doch gewisse Teile der Seele, falls man das sagen kann. Ich bin nicht ungebrochen aus diesem Versuch hervorgegangen.

Judentum, so ist oft gesagt worden, ist primär Religion der Tat. Der Glaube, der lebendige Glaube, ist zwar die unabdingbare Voraussetzung für alles religiöse Tun, aber er wird wenig diskutiert und fast nicht definiert, denn die Ausführung der Gebote und das Erlernen dieses Systems absorbieren die seelischen und geistigen Kräfte. Das gilt vor allem für einen Rückkehrer, wie ich es war, der von einer äußersten Randposition in das Zentrum der Gesetzesfrömmigkeit übersiedelte.

Ich machte alles falsch, denn was für meine Umwelt in diesen Kreisen Selbstverständlichkeit war, mir erschien es als ein dorniges Gestrüpp von Paragraphen und Formeln, von Gesetzen und Bräuchen. Ich lebte mich ein, schmerzlich und nicht ohne Vorbehalte.

Und doch bin ich dankbar, daß ich diese selbstgewählte harte Schule der Einübung ins Judentum mitgemacht und durchgemacht habe. Man kann das Judentum nicht nur aus Büchern kennen lernen, sondern muß es als gelebte Wirklichkeit erfahren, mit der Schönheit des Sabbaths und der Feste und mit den

Härten eines Anspruchs, der oft unsere Möglichkeiten übersteigt und der Gefahr einer Erstarrung in Traditionen, die den lebendigen Glauben zu ersticken drohen.

Es war mir von Anfang an, das heißt seit meiner fragenden jüdischen Bewußtwerdung klar, daß jüdische Existenz beides meint: Zugehörigkeit zur Bundesgemeinde des Glaubens und zum jüdischen Volk. Die Auseinanderreißung dieser beiden Elemente ist die permanente Gefahr der Mißinterpretation des Judentums. Ich habe später diese geschichtstheologische Erkenntnis in meinem Buch »Die Antwort des Jona« dargestellt.

So ging bei mir der Rückweg in das Judentum mit der Hinwendung zum Zionismus Hand in Hand. Zum Mißvergnügen meiner orthodoxen Umgebung schloß ich mich gleichzeitig der Kadima an, einem national-jüdischen Pfadfinderbund. Es war mir klar, daß die volle Verwirklichung jüdischen Lebens nur im Lande Israel (wir sagten damals noch Palästina oder aber unter uns schon Erez Israel, Land Israel) möglich ist.

Die Bewältigung jüdischer Existenz außerhalb der starren Form der Orthodoxie konnte ich nur in einem langen Prozeß von Bindung und Lösung und wieder neuer Bindung, in ständiger Beschäftigung mit dem Lehrgut des Judentums, vollziehen. Auch heute noch, in der Mitte des siebenten Lebensjahrzehntes stehend, kann ich diesen Prozeß nicht als abgeschlossen bezeichnen. Ich meine, daß nur die immer weiter geführte Konfrontation der sich wandelnden Wirklichkeit mit den unwandelbaren Ansprüchen aus der Transzendenz der biologischen Evolution entspricht, der wir ohne unser Zutun ausgesetzt bleiben, so lange Atem in uns ist.

Wer sich zu Israel bekennt, bekennt sich zu einem Volk und zugleich zu einem Gottesbund, der im Bewußtsein dieses Volkes geschlossen wurde. Das dritte Element aber ist: das Land. Im Bundesschluß verheißt Gott seinem Volk sein Land. So ist diese Dreiheit eine Einheit: Gott, Volk und Land Israel.

Das war für mich nicht nur ein Theologumenom, sondern Leitwort meines Lebens. 1935 entschied ich mich. Es war mir klar, daß ich nach mehreren Verhaftungen in München, das nun

»Hauptstadt der Bewegung« geworden war, nicht mehr länger bleiben konnte. Auch mein Studium hatte ich abbrechen müssen. Meine Schwester, die bereits in Argentinien Zuflucht gefunden hatte, sandte mir Visum und Schiffskarte nach Buenos Aires. Ich ließ sie zurückgehen, denn es wurde mir klar, daß meine Destination das Land Israel war.

Im zweiten Teil meiner Autobiographie »Ich lebe in Jerusalem« habe ich beschrieben, wie ich langsam in diese Stadt hineinwuchs und wie sie mir zuwuchs. Nun lebe ich seit über vierzig Jahren in Jerusalem; habe also ein Prozent ihrer Geschichte miterlebt, die bis in Urvätertage Abrahams zurückreicht, wo hier Melchisedek, der König von Salem (wohl eine Kurzform von Jerusalem) schon als Priester des höchsten Gottes waltete. Ich kann mit Paulus sagen, daß ich wie er in dieser Stadt in meinem Judentum gewachsen bin. Ihn führte der Weg dann freilich nach Damaskus. Ich verblieb in Jerusalem.

Noblesse oblige. Die Adresse wurde oft zur Aureole. Man muß sich bemühen, vor allem im Auslande, kreditwürdig zu bleiben. Dem Jerusalemer wird ein hoher jüdischer Kredit eingeräumt, denn von Zion geht die Lehre aus und das Wort des Herrn von Jerusalem. Sind wir daher wirkliche Botschafter dieser Lehre und dieses Worts, wenn wir aus Jerusalem kommen, hier zuhause sind?

Das wäre eine hybride Simplifizierung. Jerusalem, so habe ich es empfunden, wurde für mich nicht nur der Wohnort für den größten Teil meines Lebens, sondern zugleich auch eine Verpflichtung.

Aus der Stadt und ihrer Geschichte erwuchs mir vieles, was Leben und Werk formte. Hier entstand vor allem meine Trilogie: »Die Heimkehr«: Bruder Jesus, Paulus und Mutter Mirjam, die die tragenden Gestalten des Neuen Testaments in einer, meiner jüdischen Sicht darstellen und mit dazu beitragen durften, das Gespräch zwischen Juden und Christen, vor allem im deutschen Sprachraum, anzuregen und zu vertiefen.

Im deutschen Sprachraum – das habe ich wahrheitsgemäß angemerkt, denn aus meiner Muttersprache bin ich nie ausgewan-

dert. Sicher ist mir in den Jahrzehnten in Israel die hebräische Sprache, die Ursprache meines Volkes, zugewachsen, und doch blieb sie eine erlernte und leider nie ganz bewältigte. Nur wer sehr schlecht hebräisch spricht, behauptet, daß diese Sprache nicht ausreichend sei für alle Varianten moderner Terminologie. Sie ist unendlich reich und schön, diese Sprache – und wenn sie der Herr selbst zu seiner Selbstmitteilung wählte, dürfte auch das für uns genügen. Aber wir genügen nicht immer der Sprache, können die feinsten Schwingungen nur dem Instrument der nie erlernten in uns gewachsenen Muttersprache entlocken.
Ein Schriftsteller, sagte Thomas Mann in der Emigration, ist ein Mensch, der eine Sprache schwerer erlernt als andere. So gesehen darf ich das Prädikat des Schriftstellers voll für mich in Anspruch nehmen. Der Schriftsteller, der auf der Klaviatur seiner Sprache bereits zu gewisser Virtuosität gelangt ist, klimpert nur ungern auf den Tasten einer anderen Sprache.
So blieb es vorrangig beim Deutschen für mich. Wenn ich auch in Alltag und Vortrag, in den Massenmedien und in der Literatur, kein Fremdling im Hebräischen blieb, und vor allem in den Bezirken der religiösen Tradition die hebräischen Quellen für mich erschloß, so blieb doch das Medium meiner schöpferischen Arbeit das Deutsche. Und dies wurde mir zum Schicksal, zum jüdischen Schicksal.
Als nach Ende des Zweiten Weltkrieges in Deutschland ein bisher ganz unbekanntes (und heute schon wieder fast vergessenes) Schuldgefühl aufbrach, erwuchs aus diesem Bewußtsein der Wunsch nach dem Gespräch mit dem Judentum.
Ich habe es oft erlebt und gesagt, daß dieses Gespräch, das christlich-jüdische Gespräch in Deutschland, im deutschen Sprachraum, was noch mehr ist, als Gespräch aus der Schuld begann. So ergab es sich, daß ich in dieses Gespräch hineingezogen wurde, als ein Jude, der eine gemeinsame Sprache im philologischen Sinne mit dem Gegenpart sprach und nun eine gemeinsame Sprache in einem psychologischen Sinne finden mußte.
Ob mir das gelungen ist, kann ich selbst nicht entscheiden. Ich

habe aber viele Anzeichen dafür, daß der Versuch nicht mißlungen ist. Die Bereitschaft, die ich bei vielen Besuchen in der Bundesrepublik fand, etwas über das Wesen des Judentums nicht nur theoretisch, sondern aus der Existenz zu erfahren, war für mich beglückend, vor allem die Begegnung mit einer jungen, fragenden deutschen Generation, die mir sicher nicht weniger gegeben hat als ich ihr. Ich habe ihr etwas vom Geist des Judentums gegeben; sie hat mir den Glauben an den Menschen wieder gegeben.

Wieder war es Paulus, an den ich bei meiner Tätigkeit so oft erinnert wurde, so etwa als ich für ein Gastsemester im Sommer 1975 an der Universität Tübingen Vorlesungen hielt, die nun auch als Buch unter dem Titel »Jüdischer Glaube« vorliegen. Was ist das Paulinische an dieser Existenz? Die Aufgabe, jüdische Inhalte in einer anderen Sprache als der hebräischen zu referieren. Bei Paulus trat die Verfremdung durch das Medium des Griechischen ein. Ich spürte sie und spüre sie bei aller Vertrautheit, im Deutschen.

Franz Rosenzweig sagte: »Übersetzen heißt zweien Herren dienen. Also kann es niemand. Also tut es jeder.«

Übersetzen ist in diesem Bereiche sicher weit mehr als ein philologischer Vorgang. Heterogene Denkstrukturen müssen übertragen werden. Das bleibt im Kern tragisches Unterfangen, eine Paradoxie, der wir uns nicht entziehen können.

Und nun muß ich meinen Hörern und Lesern meiner jüdischen Vorträge, Bücher und Aufsätze in deutscher Sprache noch einmal besonders danken. Dadurch, daß sie mich nötigten, jüdische Begriffe, die hebräische Begriffe sind, in deutscher Sprache aufzudecken, wurde *ich* genötigt, diese Positionen immer wieder neu und immer tiefer zu durchdenken. Nichts blieb mehr selbstverständlich, alles mußte ich mir selbst verständlich machen, um es anderen verständlich zu machen.

So wurde mir im dialogischen Prozeß mein Judentum klarer, reiner, schöner und tiefer erschlossen als es in monologischer Selbstbescheidung je möglich gewesen wäre. Von Martin Buber hatte ich die Dialogik, das dialogische Denken gelernt. Durch

die mir zugewachsene Lebensaufgabe eines Dolmetschs zwischen Judentum und Christentum, zwischen Israel und Deutschland, ist die Dialogik unveräußerlicher Bestandteil meiner Existenz, meiner jüdischen Existenz, geworden.
Buber hat uns in seinem philosophischen Hauptwerk »Ich und Du« diese Dimension erschlossen. Sie scheint mir eine wesentlich jüdische Dimension zu sein. Jüdisches Denken ist dialogisches Denken. Milan Machoveč hat, wie ich meine, mit Recht darauf hingewiesen, daß der Gott Israels primär der *redende* Gott ist. Menschliche Rede ist, so gesehen, Antwort auf den göttlichen Anspruch und Zuspruch. Dialogische Existenz im zwischenmenschlichen Bereich kann so zur Imitatio Dei transparent werden.
Das hat schon vor über dreihundert Jahren ein christlicher Mystiker Angelus Silesius erkannt:

Nichts ist als Ich und Du
Und wenn wir zwei nicht sein
So ist Gott nicht mehr Gott
und fällt der Himmel ein.

Es darf uns nicht wundernehmen, daß der schlesische Mystiker Johannes Scheffler, der ursprünglich Protestant und später Katholik war, etwas ausspricht, was mir für das Judentum, im Sinne Bubers, so wesentlich scheint. In der Konfrontation mit christlicher Frömmigkeit ist mir oft bewußt geworden, daß wir nicht nur von derselben Wurzel herkommen (das zu erkennen sollte eine Selbstverständlichkeit sein), sondern auch in späteren Phasen, ohne voneinander zu wissen, zu ähnlichen, oft zu gleichen Erkenntnissen gelangen, Erkenntnissen nicht nur des Intellekts, sondern des Glaubens und der Seele.
Meine Bemühungen gingen und gehen aber nicht nur nach außen. Was wäre das Judentum und damit mein Judentum ohne die jüdische Gemeinschaft? Jude kann man nicht allein sein. Es ist sicher nichts Zufälliges, daß das traditionelle Judentum den Minjan, die Zehn-Männergemeinschaft, für einen vollen Gottesdienst fordert, daß die Liturgie vorwiegend im Plural gehalten ist. »Unser Gott« kommt viel häufiger vor als »mein Gott«,

und auch Jesus lehrt seine Jünger beten: Unser Vater im Himmel.

Aber sieht diese Gemeinschaft so aus wie sie aussehen soll? Israel ist zweifellos ein überfordertes Volk. Ihm wurde gesagt »Ihr sollt mir sein ein priesterliches Reich und heilig Volk«.

Die Wirklichkeit Israels ist davon ebenso weit entfernt wie die Wirklichkeit der Kirche von der »Gemeinschaft der Heiligen«, die sie darstellen sollte.

Es kann sich bei absoluten Zielsetzungen dieser Art im Prozeß der Konkretisierung immer nur um eine schrittweise Annäherung handeln, wobei sich der Jude bewußt sein soll, daß der Mensch des Weges geführt wird, den er wählt. Diese talmudische Paradoxie, die das Verhältnis von Wahl und Prädestination umkehrt, hat mich von Jugend an beherrscht. Ich wählte einen Weg, den ich in einem Frühwerk als »Jenseits von Orthodoxie und Liberalismus« bezeichnete und wurde weiter auf diesem Wege geführt.

Im Lande Israel habe ich bald erkannt, daß die Alternative: Zion ohne Gott, also ein rein säkulares Judentum, *oder* orthodoxe Gesetzesfrömmigkeit weder dem Wesen noch der Wirklichkeit entspricht. Es ging und geht mir darum, eine dritte Position *im* Judentum sichtbar und lebbar zu machen.

Der lebendige Glaube, das bedingungslose *Vertrauen* in Gott, wie es in dem hebräischen Begriff Emuna zum Ausdruck kommt, ist weithin verschüttet. Lavamassen von intellektueller Dialektik einerseits und minutiöser Kasuistik andererseits haben sich über den Glauben Israels, die Quelle seines Lebens gelegt.

Man hat vergessen, daß nach einem talmudischen Worte alle 613 Gebote und Verbote des rabbinischen Kodex in *einem* Satz kulminieren sollen, der dem Propheten Habakuk entnommen ist: »Der Gerechte lebt seines Glaubens.« Wer im Glauben steht, in der Emuna, in diesem schlechthinigen Vertrauen, der hat den Schlüssel zum Gesetz gefunden. Wie paulinisch hört sich das an und ist doch talmudisch, aber von den Hütern der talmudischen Tradition vergessen oder verdrängt.

Das Gebot ist weithin im Judentum zur Routine erstarrt und

bedarf wieder der Verlebendigung, von der die Frommen früherer Generationen beredtes Zeugnis ablegten: »Wer sein Gebet zu etwas Statischem macht, dessen Gebet ist kein Flehen«, lesen wir in den Sprüchen der Väter und vergessen wir in den Taten der Söhne.

Das doppelte Liebesgebot, Gott und den Nächsten zu lieben, ist nicht eine neue Eigenforderung Jesu, sondern aus zwei Zitaten geformte Quintessenz der Thora. Das wissen wir alle – und haben es beiseite geschoben.

Die institutionalisierte Religion des orthodoxen Establishments in Israel hat das Judentum auf einen öden Ritualismus reduziert. Dagegen versuchte und versuche ich anzukämpfen. Vor zwei Jahrzehnten (1957) habe ich mit einigen Freunden Kreise zur religiösen Erneuerung in Jerusalem und anderwärts gegründet. Daraus haben sich die kleinen jüdischen Reformgemeinden in Israel entwickelt, die sicher nicht das darstellen, was wir uns erträumt haben und doch neue Ansatzpunkte für die Überwindung der falschen Alternative: Säkularismus oder Orthodoxie bilden.

Es gehört zu den Gnadengaben in meinem Leben, daß mein Sohn diese Arbeit nun als seine Lebensaufgabe weiterführt. Ich hatte ihn im Jahre 1939 meinen Versuch über die jüdische Glaubenslage der Gegenwart als »Antwort auf künftige Fragen« gewidmet. Er war damals ein dreijähriges Kind – aber er *hat* später diese Fragen gestellt und diese Antworten erwogen.

Ich vermerke das dankbar, denn dieses Weitergeben vom Vater auf den Sohn bildet die Infrastruktur des Judentums. Wo die Kette der Tradition abgerissen ist, kann sie nur mühsam wieder aufgenommen werden, wenn überhaupt.

Mein Judentum? Ich kann nicht abgetrennt davon sprechen wie von einem bestimmten und bestimmbaren Bezirk in meinem Leben und meiner Person. Es durchdringt alle Phasen meines Seins und jede Aufspaltung in das Jüdische zuhause und das Humane in der Öffentlichkeit, lehne ich als Schizophrenie der Diaspora-Existenz radikal ab. Mein Judesein und mein Menschsein sind eine Monade. Das bedeutet aber nicht eine irgendwie geartete Überwertung des Juden. Der Erwählungsbegriff könnte leicht in diesem Sinne mißdeutet werden. Ich glaube an die Erwählung Israels, aber nicht in dem dümmlichen und falschen Sinn einer Höherwertung des Juden gegenüber anderen Menschen.

Was meint Erwählung Israels? Dieses Volk hat Gott zum *Modellfall* für alle Völker erwählt. An ihm hat er Gericht und Gnade so deutlich, so sinnfällig vollzogen und in seinem Wort verkündigt, daß es die Völkerwelt vernommen und wohl zum Teil auch angenommen hat. Und doch sagt schon der älteste der Schriftpropheten Amos: »Seid ihr mir denn besser als die Mohren, ihr Kinder Israels, habe ich nicht die Philister aus Kaphtor und die Aramäer aus Kir geführt ... Euch allein habe ich von allen Geschlechtern der Erde erkannt, damit ich an euch heimsuche alle eure Verfehlungen.«

Das ist die Erwählung Israels. Es ist nicht besser als andere, aber mündiger und daher in der vollen Verantwortung stehend. Zwischen dem prophetischen Pathos und der Banalität der konkreten Judenheit klafft ein Abgrund. Er kann nur durch eine Doppelbrücke aus Glauben und Humor überdeckt werden. Franz Rosenzweig nannte den Humor den Milchbruder des Glaubens. Ausdruck solch gläubigen Humors überliefert Friedrich Torberg im Namen Albert Einsteins in einem köstlichen Vierzeiler:

Schau ich mir die Juden an,
Hab ich wenig Freude dran.
Fallen mir die andern ein,
Bin ich froh, ein Jud zu sein.

Quellenangaben

Dem einleitenden Aufsatz »Germania Judaica« liegt ein Vortrag zugrunde, der am 5. September 1981 auf der Burg Hohenzollern bei einer Tagung des Zollernkreises gehalten wurde.

»Exodus und Exil« ist eine Stellungnahme zu der Jahreslosung des Deutschen Koordinierungsrates der Gesellschaften für christlich-jüdische Zusammenarbeit für das Jahr 1982, anläßlich der Verleihung der Buber-Rosenzweig-Medaille an den Verfasser.

»Sprache als Heimat« wurde beim dritten Erzählerwettbewerb der Internationalen Assoziation deutschsprachiger Medien (IADM) mit dem Ersten Preis ausgezeichnet, der dem Verfasser anläßlich der IADM-Jahrestagung im Juli 1980 in West-Berlin übergeben wurde.

»Im Exil wurde die Muttersprache zum Schutzwall« ist gemeinsam mit »Sprache als Heimat« in dem gleichnamigen Sammelband (Bonn 1981, Westkreuz-Verlag) erschienen.

»Fremd im eigenen Land?« wurde im Sommer 1980 auf einer Veranstaltung der Gesellschaft für christlich-jüdische Zusammenarbeit und der Benej-Berith-Loge in München erstmalig als Vortrag gehalten und in der David-Yellin-Loge in Jersualem wiederholt.

»Die frühen Jahre / In memoriam Hans-Joachim Schoeps« erschien in der »Zeitschrift für Religions- und Geistesgeschichte« (Band XXXII, Heft 4, 1980) und in »Erbe und Auftrag«, 14. Jahrgang, Nr. 4, Juli/August 1981.

»Deutsche Dichtung in Israel« wurde für die Zeitschrift »Der Gemeinsame Weg« im Sommer 1981 verfaßt.

»Judenstaat und Judenhaß« stellt den Beitrag zu einem Sammelband »Phänomenologie des Antisemitismus«, herausgegeben von Günther Bernd Ginzel, Verlag Lambert Schneider, Heidelberg 1981, dar.

»Ende und Erbe des deutschen Judentums« erschien in der Nummer zum jüdischen Neujahrsfest der »Allgemeinen jüdischen Wochenzeitung«, Düsseldorf, September 1981 und in »Israel-Nachrichten«, Tel-Aviv 25. 9. 81.

»Wie werden wir, die wir sind?« Aus ›Mein Judentum‹. Stuttgart – Berlin 1978. Kreuz-Verlag.